열린 손으로

With Open Hands

Henri J.M. Nouwen

Copyright © 1995 Ave Maria Press, Inc., Notre Dame, Indiana 46556
Korean translation copyright © 1997 by ST PAULS, Seoul, Korea

열린 손으로(개정판)

초판 발행일 1997. 11. 29
2판 4쇄 2021. 5. 28

글쓴이 헨리 나웬
옮긴이 조현권
펴낸이 서영주
총편집 황인수
편집 김지영 **디자인** 김서영 **본문 그림** 김도율 신부
제작 김안순 **마케팅** 서영주 **인쇄** 세진디피에스

펴낸곳 성바오로
출판등록 7-93호. 1992. 10. 6
주소 서울특별시 강북구 오현로7길 20(미아동)
취급처 성바오로보급소 **전화** 944-8300, 986-1361
팩스 986-1365 **통신판매** 945-2972
E-mail bookclub@paolo.net
인터넷 서점 www.**paolo**.kr
www.facebook.com/**stpaulskr**

값 10,000원
ISBN 978-89-8015-742-6
교회인가 2014. 5. 19 **SSP** 902

성경 © 한국천주교중앙협의회, 2021.

이 도서의 국립중앙도서관 출판시도서목록(CIP)은 서지정보유통지원시스템 홈페이지(http://seoji.nl.go.kr)와 국가자료공동목록시스템(http://www.nl.go.kr/kolisnet)에서 이용하실 수 있습니다. (CIP제어번호 : CIP2010001507)

> 이 책은 저작권법의 보호를 받으므로 무단전재와 무단복제를 금합니다.
> 이 책 내용의 전부 또는 일부를 재사용하려면 반드시 저작권자와 성바오로출판사의 동의를 얻어야 합니다.

열린 손으로
With Open Hands

헨리 나웬 지음 | 조현권 옮김

| 소개의 글 |

　이 책은 1978년에 출판되었지만, 나는 아직도 이 책과의 첫 만남을 생생하게 기억하고 있다. 우연히 들린 한 작은 서점에서 안셀 애덤스$^{\text{Ansel Adams}}$(1902-1984)와 알프레드 스티글리츠$^{\text{Alfred Stieglitz}}$(1864-1946) 같은 사진작가들의 책 사이에 꽂혀 있던 책 한 권을 보게 되었다. 나는 책에 실린 흑백사진들을 대충 넘겨 보느라고 이 책「열린 손으로」가 실제로는 기도에 관한 책인지를 몰랐다. 당시 헨리 나웬에 대해 전혀 몰랐던 나는 그가 이름난 사진작가일 거라고 추측했을 뿐이다.

얼마 지나지 않아 그가 글 쓰는 작가임을 알게 된 것은 당연하다. 실로 나웬은—마치 아담스와 스티글리츠와 같은 나이든 거장들이 찍은 필름에서 사진의 영상들이 떠오르는 것처럼—영성적인 삶의 깊이에서 우러나오는 글을 쓰는 훌륭한 작가 중의 한 사람이었다. 이 책은 기도의 체험에 깊이 나아간 한 영혼이 들려주는 지혜로운 글들로 가득 차 있다.

나는 그날 그 책을 사 왔고, 바로 읽기 시작했다. 당시 한꺼번에 몇 개의 접시를 돌리는 서커스단의 곡예사처럼, 젊은 아내로서, 어머니로서, 작가로서의 역할들을 모두 감당해 내기 위해 발버둥치고 있었던 나는, 겨우 스물아홉 살이었다. 이런 상황에서 기도 시간을 제대로 가질 수 없었던 것은 물론이고, 설사 기도했다 하더라도 아주 적은 시간밖에 하지 못했다.

아니, 정말 솔직히 말하자면 기도란 그야말로 따분한 정신적 활동이고, 설교와 같은 낱말들을 외우는 것이며, 형식적이고 다소 헛된 행동에 불과하다는 것이 그동안 내가 해 왔던 생각이었다. 나는 확실한 프로테스탄트식의 교육을 받으면서 자라났다. 하지만 내면적인 삶에 대한 열정적인 전망과, 영혼을 소중히 다루고 정신과 마음을 변화시키는 깊고 내밀한 방법이라고 할 기도의 본질에 관해서는 무지했던 것이다.

그러던 나는 나웬의 책에서 뜻밖의 문장들을 발견하였다. **"당신이 기도하고자 할 때 먼저 해야 할 질문은 '어떻게 나의 움켜쥔 손을 펼 것인가?' 하는 것이다."** 그는 기도란 인간의 마음 안에서 두려움으로 단단히 잡고 있는 어떤 것을 열어젖히는 것과 비슷하다고 암시했던 것일까?

그는 기도가 하느님께서 우리에게 다가오시도록 우리로 하여금 열려 있게 한다고 쓰고 있다. 이 주장은 나에게 신선한 충격으로 다가왔다. 만일 신에게 이르는 그러한 관문이 있다면, 우리 인간들은 그리로 들어가기 위해 할 수 있는 모든 것을 해야 하지 않을까? 그곳은 우리가 삶과 하느님의 현존까지도 두드릴 수 있을 만큼 영혼의 근저에까지 이끌어 가지 않겠는가? 그곳에서 우리는 방대하면서도 아직은 드러나지 않은 전적인 그 무엇을 찾아내지나 않을까? 우리는 결국 피에르 테야르 드 샤르댕^{Pierre Teilhard de Chardin}이 표현한 것처럼 "하느님을 위하여 사랑의 에너지들을 활용하기" 시작하지 않을까?

그로부터 몇 년에 걸쳐 하느님께 나를 열어 드리는 은혜로운 여정이 시작되었다. 그것은 대개 내가 기대했던 것만큼 확고하고 항구한 여행이 되지는 못했지만, 그럼에도 불구하고 나는 용케 기도와 관상과 영성 생활의 풍요로움을 스스로 발견하였다. 나는 계속하여 나웬의 다른 책들과, 토마스 머튼, 마이스터 에크하르트, 아빌라의 데레사와 같은 작가들의 책도 읽어 보았지만, 자주 「열린 손으로」로 되돌아왔다. 그것은 이 책이 기도의 의미와 그 실천에 대해서 나를 순수하고 단순하게 환기시켜 주었기 때문이다.

놀랍게도 이 책을 읽기에는 처음 출판 당시보다도 지금이 더 시의적절할 것이다. 이 책은 불안과 분주함과 소음이 만연한 이 세상에서 우리 자신의 고요한 중심부로 되돌아가야 함에 관하여 분명히 말하고 있다. 이 책은 우리로 하여금 가장 위태롭고 감당할 수 없어 보이는 긴박한 삶의 순간에 그 삶을 좋은 것으로 받아들일 수 있도록 해 준다. 이 책은 폭력으로 얼룩지고 절망에 빠져 버린 이 세상에 희망의 기적을 제공한다. 그리고 인간 세상에서 크나큰 분열과 분쟁들이 더 퍼져 가고 더 완고해지는 것처럼 보이는 그때, 이 책은 우리를 불같이 뜨거운 영혼 안으로 이끌어가 세상에 대한 연민의 마음과 진실한 참여의 자세를 계속 가지게끔 한다.

27년 전, 「열린 손으로」는 하느님을 만나게 하는 거대한 열어 드림으로 나를 일깨웠다. 하느님께서는 이러한 개방 안에서 우리에게 다가오시니, 이는 오늘날의 독자들에게도 계속되고 있다. 이러한 선물은 이 책을 통하여 계속될 것이다.

| 수 몽크 키드
저명한 현대 문학가, 목회자의 아내로 두 아이를 둔 개신교 작가

| 초판 서문 |

 이 책에 모아 놓은 일련의 생각들은 오랫동안 이루어진 것이고, 기도에 관한 많은 경험들을 개인적으로 나누고자 하는 시도에서 비롯된 것이다.
 "내 자신이 기도에서 발견하는 것은 무엇인가?"
 이런 물음 없이는 기도에 대해서 글을 쓸 수가 없다는 것이 나의 느낌이었다. 나는 기도가 고요함, 받아들임, 희망, 연민의 정, 심지어 비판과도 어떤 관계가 있음을 깨달았다. 이어서 나는 주의 깊게 '내가 체험한 것과 기꺼이 체험하고자 했던 것을 표현할 수 있는 개념과 상징들'을 찾았다.

 그러나 나 자신의 경험들이 순전히 개인적인 것이어서, 나만의 것으로 간직해야 할 것인가? 아니면 아주 개인적인 것, 내 존재의 깊은 곳을 진실되게 울리는 것이 다른 사람에게도 의미가 있을 것인가? 이 물음에 나는 궁극적으로 "아주 개인적인 것은 또한 아주 보편적인 것이다."라고 답하고 싶다. 하지만 그렇게 되기 위해서는 '깊은 개인적인 체험들deep, personal experiences'을 단순히 '외면적인 사사로운 감동들superficial, private sensations'로부터 구별할 수 있도록 도와줄 친구들이 필요하다고 확신했다.

 그리하여 나는 25명의 신학과 학생들을 모아, 나 자신의 기초적 이해를 바탕으로 진정 기도에 함축된 것이 무엇인지, 기도에 관한 일반적 이해는 어떤 것인지를 알아보고자 하나의 모임을 구성하게 되었다. 우리는 일곱 번 모였고, 그 모임 동안 논의나 토론을 하기보다는 주로 생생한 개개인의 체험들을 나누었는데, 그 과정에서 기도라는 파악하기 어려운 현상이 점차 만져 볼 수 있는 실재가 되어 갔다.

이같이 이 작은 책은 필자 개인의 작품이 아니다. 이것은 많은 사람들의 기여로 이루어진 것이고 그들과 친밀한 대화를 나누었던, 많은 기도 시간 동안 그 최종 형태가 갖추어진 것이다.

이 책이 단지 이 대화에 함께했던 사람들의 삶에서만이 아니라, 몇 분간의 고요한 시간 동안 이 책을 쥐게 될 모든 사람들의 삶 속에서도 열매 맺기를 바란다.

| 1971년 위트레흐트에서

| 개정판 서문 |

　초판 서문을 쓴 지 25년이 흐른 지금 내가 말할 수 있는 것은, 이 책을 쓸 때의 나의 희망이 기대 이상으로 이루어졌다는 것이다. 나는 여기 쓰인 기도에 대한 생각들이 많은 사람들의 삶에서 결실을 맺기를 바랐었다. 다양한 연령층과 상이한 문화와 종교를 가진 수많은 남녀들이 나에게 글을 보내거나 말하기를, 이 책에 기술된 '움켜쥔 주먹에서 열린 손으로의 전환'이 기도의 의미를 이해하고 실제 기도 생활을 하는 데에도 도움이 되었다고 했다. 이러한 반응들에 대해서, 특히 우리 마음의 가장 내밀한 중심에서

공통적인 것이 발견될 수 있다는 신비한 사실을 그들이 확인해 주었다는 데 대해서 무척 감사한다.

1970년 네덜란드의 작은 도시에서 25명의 학생들과 내가 학교의 커다란 책상에 둘러앉았을 때, 우리 중의 그 누구도 영적인 대화의 결실에 대해서 예측할 수 없었다. 나는 이 학생들이 오늘날 어디에 있는지도 모른다. 하지만 그때는 몰랐던 것을 지금 알고 있으니, 그것은 하느님의 성령이 그때 우리 가운데 계셨다는 것과 그 성령이 우리를 은총의 도구가 되게 하셨다는 것이다.

이 책이 처음으로 간행된 이후로 교회와 사회 안에서는 많은 변화가 있었다. 그러나 "손을 펴서 하느님의 현존에 발을 들여 놓으라." 곧 "그 현존에 참여하라."는 요청은 여전하며, 이는 오늘날 그 어느 때보다 더 긴박하다. 기도를 위한 나 자신의 열성적 노력을 생각할 때 깨닫는 바는, 20여 년 전에 쓰인 생각들이 일찍이 그런 예가 없을 정도로 오늘날 정신과 마음의 근본적인 회심을 요청하고 있다는 것이다. 이 요청이 또한 다른 많은 사람들에게도 울려 퍼

지기를 다시 한 번 바란다.

1994년 캐나다 토론토에서
| 헨리 나웬

| 차례 |

소개의 글 · 5
초판 서문 · 10
개정판 서문 · 13

시작하며　　**움켜쥔 주먹으로 · 19
첫째　　　　**기도와 침묵 · 29
둘째　　　　**기도와 받아들임 · 45
셋째　　　　**기도와 희망 · 59
넷째　　　　**기도와 연민의 정 · 75
다섯째　　　**기도와 예언자적인 비판 · 92
마치며　　　**열린 손으로 · 112

저자 소개 · 118

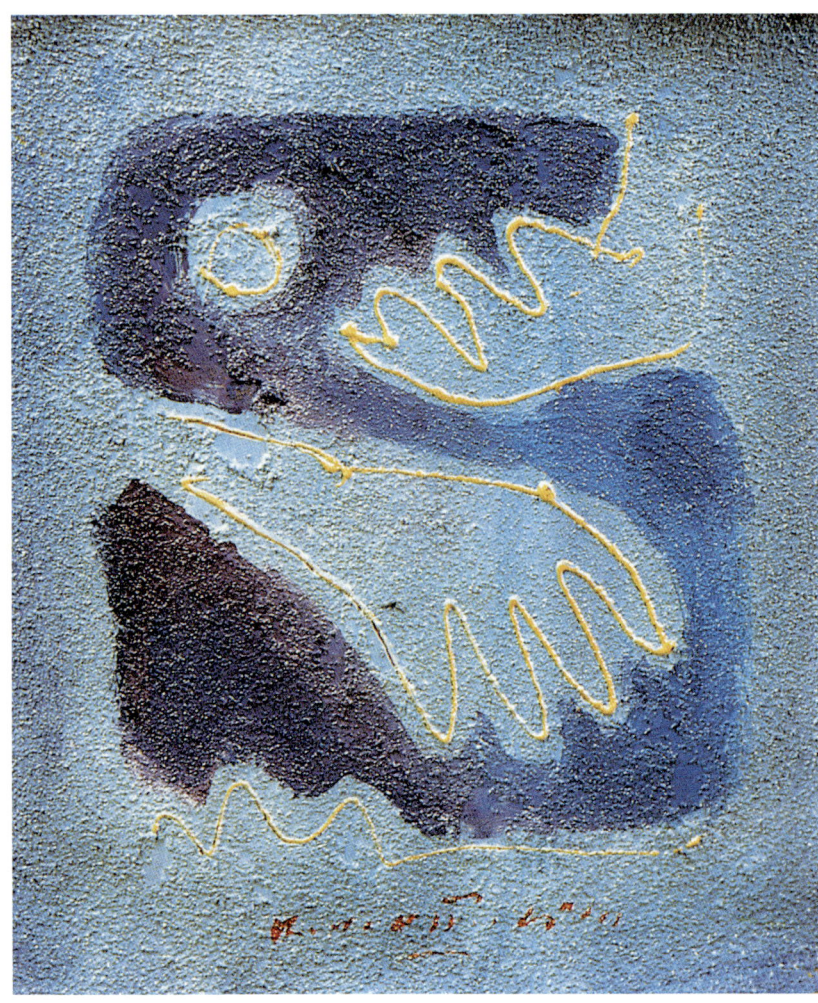

시작하며

•• 움켜쥔 주먹으로

  기도하는 것은 쉬운 일이 아닙니다. 기도는 우리 자신 이외의 누군가에게 우리 존재의 중심에까지 들어오도록, 차라리 감추어 두고 싶은 어떤 곳을 볼 수 있고 차라리 건드리지 않은 채로 두고 싶었을 그곳을 건드리도록 허용할 수 있는 관계를 요구합니다. 그럼에도 왜 우리는 진정 그렇게 하길 원하지 않습니까? 아마도 우리는 다른 사람이 우리 내면의 문지방을 넘어와서 무언가를 보고 건드리도록 했을 것입니다. 그러나 다른 누군가를 우리의 가장 내밀한 삶이 구체화되어 있는 곳으로 들어오게 하는 것은 위험하며 방어를 필요로 합니다.

 기도에 대한 저항은 꼭 쥔 주먹의 저항과 비슷합니다. 움켜쥔 주먹의 이미지는 긴장 상태, 자신에게 단단히 집착하려는 욕구, 두려움을 피하려는 갈망을 나타내지요. 한 가지 예로 정신병원에 수용된 할머니의 이야기는 이러한 태도를 잘 드러냅니다.

 그녀는 몹시 흥분했고, 눈에 띄는 모든 것에 달려들었으며, 의사가 모든 것을 빼앗아 버려야 할 만큼 모든 사람들을 질겁하게 만들었습니다. 그런데 그녀는 작은 동전 하나를 손에 쥐고 끝내 내놓으려 하지 않았습니다. 실제로 그 움켜쥔 손 하나를 펴는 데 두 사람의 힘이 필요했습니다. 그녀는 마치 그 동전을 자신의 존재 자체인 양 여겼습니다. 그녀는 사람들이 자신에게서 마지막 소유물을 빼앗으면, 더 이상 아무것도 갖지 못할 것 같았습니다. 그것이 그녀의 두려움이었습니다.

 우리가 기도에 초대될 때, 꽉 움켜쥔 주먹을 펴고 마지막 남은 동전을 내놓을 것을 요구받습니다. 하지만 누가 그렇게 하겠습니까? 때문에 처음의 기도는 흔히 고통스럽습니다. 우리는 '우리가 내놓길 원하지 않는 것'을 발견하기 때문입니다. 우리는 익숙해진 어떤 것을 단단히 쥐고 있습니다. 가령 그것을 자랑으로 여기지 않더라도 말입니다. 우리는 자신이 이렇게 말하는 것을 봅니다.

"이게 내 모습이야. 나도 변화를 원했지만 이제는 불가능해. 이것이 있는 그대로의 모습이고, 이대로 놔둘 수밖에 없어."

우리가 이처럼 말한다면, '우리의 삶이 달라질 수 있다는 믿음'을 벌써 포기한 것이고, 새로운 삶에 대한 희망을 이미 멀리 떠나보낸 셈입니다. 여러 가지로 얽혀 있는 우리 자신의 경험들에 의문을 제기하는 모험을 피해 버렸기에 자신을 지금의 운명에 맡겨 버린 셈이 되었습니다. 우리는 새로운 미래를 신뢰하기보다 유감스러운 과거에 집착하는 것을 더 안전하게 여깁니다. 이렇게 하여 우리는 '우리가 내놓길 원하지 않는 작고 차가운 동전들'로 우리의 손들을 채워 나갑니다.

우리는 무엇인가 받고도 고마워하지 않는 사람들을 아직도 괘씸하게 생각하고, 우리보다 돈을 더 잘 버는 사람들을 아직도 부러워하며, 우리를 무시했던 사람들에게 아직도 복수하고 싶어하고, 편지를 받지 못했다고 아직도 실망하며, 길에서 만난 누군가가 다정하게 인사하지 않았다고 아직도 노여워합니다. 마치 그 감정들이 우리가 기도하기를 원하는 그 순간까지 전혀 성가시지 않은 것처럼 자연스럽게 그것들을 통하여 살아가고, 그것들과 함께 살아갑니다.

　그러나 우리가 기도하고자 하는 바로 그때에 모든 것이 되살아납니다. 즉 괴로움, 미움, 질투, 실망 그리고 복수를 향한 욕구들이 다시 생겨나는 것이지요. 이러한 감정들은 그냥 있지 않습니다. 우리는 그것들을 결코 포기해서는 안 될 보물들인 양 손 안에 꽉 움켜잡습니다. 그것 없이는 우리가 살아 나갈 수 없을 것처럼, 그것을 포기하면 자신을 잃어버리기나 할 것처럼, 모든 지난 일들의 불쾌함에 얽매여 있습니다.

초탈함은 흔히 매혹적인 무언가로부터 자유로워지는 것으로 이해됩니다. 그러나 그것은 때때로 불쾌한 그 무엇으로부터 자유로워질 것을 요구합니다. 실제로 우리는 그렇게 노여움이나 증오와 같은 어두운 힘들에 사로잡혀 있을 수 있습니다. 우리가 보복할 기회를 노리는 한, 우리는 자신의 과거에 집착하고 있는 것입니다. 때때로 우리는 복수심과 미움을 단념하면 자신마저 잃어버릴 것처럼 여기기도 합니다. 그렇게 우리는 주먹을 움켜쥐고 서 있으며, 우리와 화해하고 싶어하는 다른 이를 향한 마음의 문을 닫아 버립니다.

우리가 기도하길 원할 때, 첫 번째 문제는 이것입니다. "나는 어떻게 움켜쥔 손을 펼 수 있는가?"

분명 그것은 무력이나 어떤 강요된 결정에 따라 될 수 있는 성질의 것이 아닙니다. 아마도 우리는 "두려워하지 마시오."라는 천사의 말씀-즈카르야에게(루카 1,13-17 참조), 마리아에게(루카 1,30-36 참조), 놀란 목자들에게(루카 2,10-12 참조), 그리고 빈 무덤가의 부인들에게(마태 28,5-8

참조) 나타난 천사의 "두려워하지 마시오."라는 말씀을 주의 깊게 들음으로써 기도에 이르는 길을 스스로 발견할 수 있을 것입니다.

내면 깊은 곳에 들어오셔서, 우리가 그토록 괴로워하면서도 집착하고 있는 것들로부터 자유로워질 수 있도록 인도하시려는 그분을 두려워하지 말아야 합니다. 그야말로 조금의 가치밖에 지니지 못한 차가운 동전을 내보이기를 두려워하지 맙시다. 우리의 미움, 불쾌함 그리고 실망을 사랑이신, 오직 사랑이신 그분께 맡기는 것을 두려워하지 맙시다. 우리가 내보일 수 있는 것을 조금밖에 가지고 있지 못하다는 것을 알고 있더라도, 그것을 보이기를 두려워하지 맙시다.

종종 사랑의 하느님을 맞아들이기 위해 아름다운 외양을 갖추고, 추잡하고 썩은 것들은 뒤로 감추고, 버젓이 내놓을 만한 일부분을 더 돋보이게 하려 애쓰는 우리의 모습을 발견할 수 있습니다. 하지만 그러한 두려움에 찬 응답은 억지로 꾸며 낸 것이며 부자유스러운 것이지요.

그러한 응답은 우리를 쉽게 지치게 하며, 기도를 고통스러운 것으로 바꾸어 버립니다.

 수많은 두려움 중에 하나라도 떨쳐 버리려고 할 때마다, 우리의 손들은 계속해서 조금씩 펼쳐져서 받아들일 자세를 갖추게 됩니다. 물론 손이 완전히 펴질 때까지 끈기 있게, 정말 끈기 있게 기다려야만 합니다.

 그것은 신뢰에 대한 하나의 기나긴 영적인 여정입니다. 주먹 뒤에는 또 다른 주먹이 숨어 있어, 때때로 그 과정이 끝이 없어 보이기 때문입니다. 끊임없이 주먹을 움켜쥐게 하는 많은 일들이 우리의 삶 안에서 일어났고, 지금도 낮이나 밤이나 근심 걱정으로 또다시 주먹을 쥐는 자신의 모습을 볼 수 있을 것입니다.

 어떤 사람은 우리에게 말할 것입니다. "당신은 당신 스스로를 용서해야 합니다!"라고. 그러나 그것은 쉽지 않습니다. 가능한 것은 우리를 사랑하시는 그분이 우리의 죄

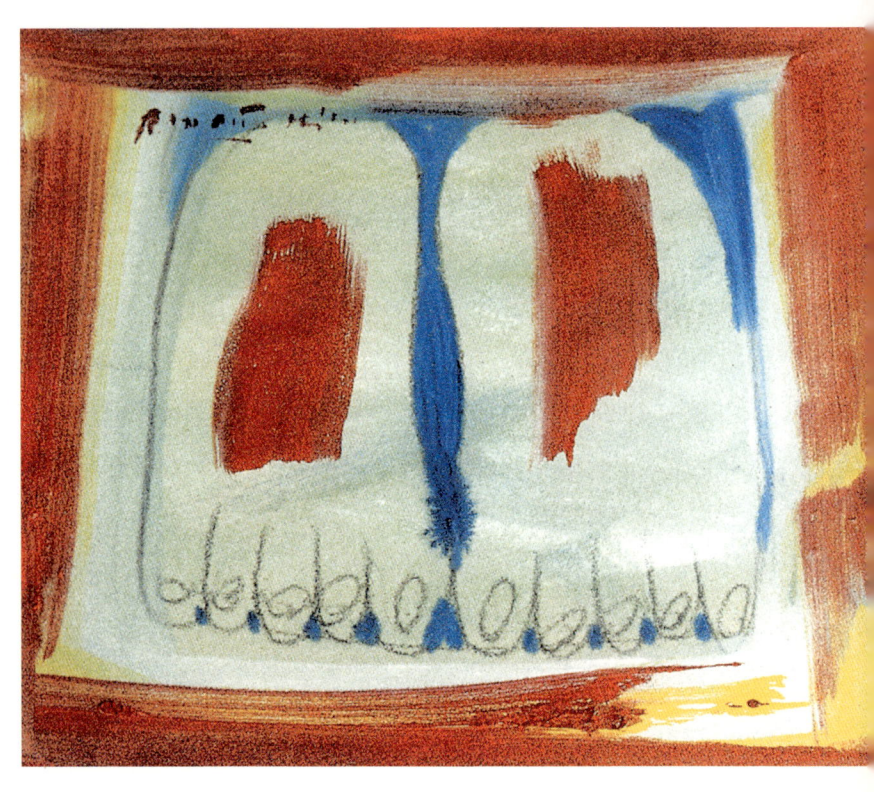

를 날려 보내실 수 있도록 걱정하지 말고 두 손을 펴는 일입니다. 그때 우리는 삶을 위해서 없어서는 안 될 것으로 여기던 그 동전들이 미풍에도 흔적도 없이 날아가 버릴 가벼운 먼지로 드러남을 보게 될 것입니다. 그러면 우리는 잠시 동안 새로운 자유를 느끼게 될 것이고, 기도는 이제 기쁨이 되고, 우리를 둘러싸고 있는 세상과 사람들에 대한 자연스러운 반응이 될 것입니다. 그제야 기도는 더 이상 어렵지 않을 것이고, 영감을 주고 살아 있고 평화롭고 고요한 것이 될 것입니다. 그때 우리는 장중하고도 고요한 순간을 기도의 순간으로 깨닫게 될 것입니다. 그리고 우리는 기도가 곧 살아간다는 것임을 조금씩 깨닫게 될 것입니다.

사랑하는 하느님,
움켜쥔 주먹을 펴는 것이
저는 두렵습니다.
제가 의지할 그 어느 것도 더 이상 갖고 있지 않다면
도대체 저는 어떤 모습이겠습니까?

제가 빈손으로 당신 앞에 선다면
도대체 저는 어떤 모습이겠습니까?
비오니 주님,
제가 차츰 제 손을 펴게 해 주십시오.
그리고 제가 소유하고 있는 것이
저 자신이 아니라
주님께서 제게 주고자
하시는 것이 바로
저 자신임을 깨닫게 해 주십시오.
그리고 주님께서 제게
주고자 하시는 것은
사랑임을,
조건 없는 영원한 사랑임을 깨닫게 해 주십시오.
아멘.

[묵 상 을 위 한 물 음]

"내 움켜쥔 주먹 안에 무엇을 꼭 잡고 있는가?"

첫째

·· 기도와 침묵

 우리는 기도와 침묵 사이에 어떤 관계가 있다는 것을 알고 있습니다. 우리 삶의 침묵에 대해서 한번 생각해 봅시다. 침묵이 언제나 평화롭게 보이는 것은 아닙니다. 그것은 또한 위협적이고 두려움을 일으키는 것일 수도 있습니다.

 자기 삶의 침묵에 대해서 오랫동안 깊이 생각한 한 학생은 이렇게 썼습니다.

침묵은 밤입니다.
당신만이 홀로일 때
추방당하듯 완전히 혼자일 때
달도 별도 없는 캄캄한 밤이
당신 앞에 있듯이
당신 자신이 아무것도
아닌 존재가 되어
아무도 당신을
필요로 하지 않게 될 때
침묵 또한 당신 앞에
그렇게 있습니다.
그 침묵은 우리를 협박합니다.
침묵밖에는 아무것도 없으므로
눈을 치켜뜨고 귀 기울여 봐도
아무런 희망도 위안도 없이
오직 고요만이, 죽음의 침묵만이 있습니다.
깜박이는 빛 하나 없는 어둔 밤에

나는 홀로 있습니다.
용서 없이
사랑 없이
나의 죄 속에서 말입니다.
이제 나는 절망하여
친구들을 찾으러 떠나
길을 잃고 헤맵니다.
나는 한 사람을
하나의 표지를
하나의 소리를 구하지만
끝내 아무것도 찾지 못합니다.

그러나 별들과 보름달과
저 멀리 외딴 집의 불빛이 있는 밤
평화롭고 사려 깊은 침묵이 있는
그런 밤들이 있습니다.
텅 빈 큰 교회의 어둠 속에

참새의 재잘거림이 있는
내 마음이 기쁨의 노래를 부르고 싶어하는
밤들이 있습니다.
내가 혼자가 아니라고 느끼는 밤
친구들을 기다리거나
며칠 전에 읽은 시 몇 구절을 떠올리는 밤
성모송이나
시편의 수수한 운율에 젖어 드는 밤
나는 나로 있고
너는 너로 있는 밤
서로에 대해 조금도 두려워하지 않는 밤
우리의 모든 이야기를
우리에게 침묵과 평화를 가져다준 천사에게 맡기는
그런 밤들이 있습니다.

이렇게 이중의 밤이 있는 것과 마찬가지로 침묵 또한 이중성이 있습니다. 사람을 불안하게 만드는 침묵이 있

는가 하면, 평화로움을 주는 침묵이 있습니다. 많은 사람들이 침묵을 갑갑한 것으로 여기기 때문에 침묵 가운데서 무엇을 할 수 있을지 알지 못합니다. 그들이 도시의 소음을 떠나 자동차 소음도, 뱃고동 소리도, 덜컹거리는 기차 소리도, 라디오와 텔레비전의 소음도 없는 곳에 있다면 육신은 온통 큰 불안에 사로잡히고 맙니다. 그들은 자신이 백사장으로 떠밀려 온 한 마리 물고기가 된 듯이 느껴져 어찌 할 바를 몰라 합니다. 많은 사람들이 더 이상 지속적인 소음의 환경 없이는 살아갈 수 없는 듯이 보입니다. 적지 않은 학생들이 공부를 할 때에도 계속해서 음악을 들어야 한다고 합니다. 누군가 그들로 하여금 아무런 소리도 없는 완전히 고요한 공간에 앉아 있기를 강요한다면, 그들은 초조해할 것입니다.

침묵은 이렇게 우리 가운데 많은 사람들에게 하나의 위협적인 대상이 되어 버렸습니다. 그런데 반대로 예전에 침묵이 자연스러운 것이었고, 여러 소음이 우리를 성가시게 했던 때가 있었습니다. 그러나 오늘날은 소음이 일반적인 상태이고, 침묵은 성가신 것이 되어 버렸습니다. 침묵을 이런 식으로 경험한 사람들이 기도하는 데 어려움을 겪으리라는 것은 쉽게 이해될 것입니다.

 침묵은 낯선 대상이 된 것입니다. 바닷가나 숲길을 따라 산책할 때 우리는 워크맨을 필수품처럼 여깁니다. 우리는 더 이상 침묵의 울림을 견뎌 낼 수 없는 것 같습니다.

 침묵은 울림으로 가득 차 있습니다. 우리는 침묵 속에서 바람의 속삭임, 나무 잎사귀의 바스락거림, 새들의 날개짓, 해변에 닿아 철썩이는 파도 소리를 듣습니다. 이 모든 것들이 들리지 않는다 하더라도, 우리 자신의 조용한 숨소리를 들을 수 있으며, 손이 살갗을 스치는 소리, 목구멍에서 침 넘어가는 소리, 그리고 낮은 발걸음 소리를 들을 수도 있습니다. 그런데도 우리는 침묵이 가져오는 이러한 부드러운 울림에 무감각해져 버렸습니다.

 우리는 흔히 소음으로 가득 찬 세계에서 이러한 울림

이 가득한 침묵 속으로 초대받을 때 두려움을 갖게 됩니다. 그럴 때 우리는 자기 집이 무너져 내리는 것을 목격하고 갑자기 보금자리를 잃어버린 것을 알게 된 어린이처럼 당황하거나, 마치 입고 있던 옷을 빼앗겨 버린 사람처럼, 또는 둥지에서 내쫓긴 새처럼 당황합니다. 친숙한 소음이 없어졌으므로 우리의 귀는 고통을 느끼기 시작합니다. 익숙한 소음을 그리워하기 때문이지요. 우리 몸을 따뜻하게 해 주는 이불이었던 것처럼 이 소음에 익숙해져 있는 것입니다. 금단 증세의 고통을 감수하지 않고서는 헤어날 수 없는 중독자처럼 소음과 함께하는 생활에 강하게 얽매여 있습니다.

그러나 이 외부적인 소음을 내치는 것보다 더 어려운 것이 있는데, 그것은 내면적인 침묵에 다다르는 것, 곧 마음의 침묵을 얻는 것입니다. 수많은 소음의 지배를 받고 사는 사람은 내면과 접촉하기를 잊어버린 듯합니다. 내면으로부터의 질문들은 답을 얻지 못한 채 남아 있습니다. 불확실한 감정들은 설명되지 않고, 난해한 열망들은 해결되지 않고, 복잡한 감성들은 이해되지 못합니다. 남은 것이라곤 한 번도 정리된 적이 없던 혼란하고 무질서한 느낌들뿐이지요.

그러므로 잡다한 일상의 소음을 떠난 시간에 새로운 내면의 소음을 듣게 되는 것은 당연한 일입니다. 그러한 내면적인 소음은 정리되지 않은 혼란한 느낌들로부터 야기된 것이며, 그 하나하나가 자신에게 주의를 기울여 달라고 소리 지릅니다. 조용한 장소로 들어가는 것 자체가 우리를 자연스럽게 내면의 침묵으로 이끌지 못합니다.

그때 우리의 이야기를 들어 주고 시간을 함께 보낼 그 누군가가 곁에 없다면, 우리가 방금 피해 나온 그 일상의 소음보다도 더 시끄러울 수 있는 하나의 내면적인 토론이 시작되는 것입니다. 즉 해결되지 않은 채로 남아 있는 수많은 문제들이 이제 숨김 없이 고찰되기를 요구하는 것입니다. 하나의 걱정이 다른 걱정들을 위협하고, 하나의 슬픔을 그 다음의 슬픔이 경쟁하듯 뒤쫓게 됩니다. 그 모든 것들이 자신의 문제들을 주의 깊게 들어 주기를 요청하는 것입니다. 그래서 우리는 흔히 해결하지 못한 뒤엉켜진 감정들 앞에서 무기력해지는 것이지요.

이러한 때 우리에겐 하나의 의문이 생기는데, 그것은 외적인 것으로 기분 전환을 꾀하는 것이 우리의 내면에서 일어나는 것들과의 논쟁을 피하기 위한 하나의 방편이 아닌가 하는 것입니다.
"이 일을 다 마치면 다음엔 무엇을 할까?"
이러한 생각은 많은 사람들에게 자기 자신으로부터 도망쳐서 자신들이 무척 바쁘다는 느낌을 주는 많은 일들을 집착하도록 합니다. 사람들은 이렇게들 자문합니다.
"대화를 나눌 친구도, 귀 기울일 음악도, 읽을거리도, 관람할 영화도 없을 때면 무엇을 하지?"
그것은 물론 불가능하겠지만, '우리가 친구도 없이, 눈과 귀에 끊임없이 새로운 것들을 제공받는 일도 없이 과연 살아갈 수 있을까?' 하는 문제가 아닙니다. 그것은 가끔씩 홀로 되어 가만히 눈을 감고 각종 소음들을 한 쪽으로 밀쳐 둔 채, 고요하고 평화로이 앉아 있을 수 있는가

하는 문제입니다.

조용히 그리고 잠잠하게 자신 안에 머무르는 것은 잠자는 것과는 다릅니다. 그것은 충분히 깨어 있는 상태로 우리 내면의 움직임 하나하나를 매우 주의 깊게 좇는 것을 의미합니다. 침묵은 하나의 훈련을 요구하는데, 그 훈련이란 곧 '끊임없이 일어나 나아가고자 하는 욕망'이 '아주 가까이 있는 것을 먼 곳에서 찾으려 하는 유혹'임을 깨닫게 하는 확고한 태도를 가지게 되는 것을 뜻합니다.

침묵은 우리에게 내면의 뜰로 걸어 들어가 낙엽들을 긁어 모으고 길을 치워서 내면에 이르는 길을 쉽게 발견할 수 있도록 자유를 제공해 줍니다. 이 '낯선 곳'에 처음으로 발을 들여 놓을 땐 당연히 두렵고 불확실할 것입니다. 하지만 서서히, 그러나 확실히 우리는 그곳에서 다시 질서를 발견해 낼 것이고 편안함을 느낄 수 있게 되어, 그곳에 머물고자 하는 열망은 더 깊어질 것입니다.

우리는 이러한 새로운 신뢰감을 통하여 자신의 삶을

내면으로부터 새로이 소유하게 됩니다. 사랑과 미움, 온유함과 고통, 용서와 욕망의 감정들이 나누어지거나 강해지거나, 새로운 모습으로 변화하기도 하는 장소인 '내면 세계'에 관한 새로운 깨달음과 함께 부드러운 손의 지배가 시작됩니다. 그 손은 새로운 식물이 자랄 수 있도록 신중하게 자리를 마련해 주는 정원사의 손입니다. 성급하게 모든 잡초를 뽑아 버리지 않고 작은 생명을 위협하는 것만 뽑아 버리는 정원사의 손 말입니다.

우리는 이러한 부드러운 지배 아래에서 다시 한 번 자기 내면의 주인이 될 수 있습니다. 낮에도 밤에도, 깨어 있을 때에도 잠잘 때에도, 낮을 소유하는 사람은 밤도 또한 갖게 될 것이기 때문이지요. 밤 시간 동안의 잠은 더 이상 불확실한 어두움이 아니라 꿈들이 이야기를 이어 나가고 반가운 소식들을 주고받을 수 있도록 드리워 주는 친절한 커튼과 같으며, 꿈길은 깨어 있을 때의 길들처럼 친숙해져서, 이제 두려워해야 할 더 이상의 이유도 없게 될 것입니다.

이 모든 것은 우리가 침묵을 더 이상 회피하지 않을 때 가능해집니다. 하지만 그것이 그렇게 간단하지 않습니다. 밖으로부터 밀려드는 소음은 계속해서 우리의 주의를 끌고자 하고, 내면적인 불안은 늘 두려움을 갖도록 부추기기 때문이지요. 많은 사람들이 계속해서 자신을 이 유혹과 두려움 사이에 갇혀 있는 것으로 여깁니다. 그들은 자신의 내면으로 들어갈 수 없기에 불가능하다는 것을 알면서도 소음들 속에서 평온함을 찾으려 애쓰는 것입니다.

그러나 우리는 침묵에 다다를 때마다, 하나의 선물을 받은 것처럼 느껴집니다. 침묵은 참된 의미의 '약속'으로서 새로운 삶을 보증합니다. 침묵은 우리를 이끄시는 '그분'에게 데려다 주는 것이기에 평화와 기도의 침묵이 됩니다. 이 침묵 안에서 우리는 억압받고 있다는 느낌을 떨쳐 버리고, 다른 사물과 사람들 사이에 있으면서 그들과 구별되는 하나의 인격체임을 깨닫게 됩니다.

그때 우리는 많은 일을 강요 때문이 아니라 자유로운 의지로 행할 수 있다는 사실을 깨닫게 됩니다.

이 침묵은 '마음이 가난한 자'의 침묵이며, 그 안에서 삶을 있는 그대로 정확히 바라보는 것을 배우고, 허위의 가면들이 서서히 사라져 가는 것을 발견합니다. 우리는 확실한 거리를 두고 이 세상을 다시 바라볼 수 있게 되며, 모든 근심과 걱정 가운데서 이렇게 기도할 수 있습니다.

> 사랑하는 하느님,
> 저의 침묵 안에
> 다정하게 말씀해 주십시오.
> 저를 둘러싸고 있는 주위의 시끄러운 외부의 소음이,
> 그리고 근심의 시끄러운 내면의 소음이
> 저를 당신에게서 빼앗아 가려 할 때
> 당신이 아직도 저와 함께 계심을
> 확신하도록 해 주십시오.

제가 당신께 귀 기울일 힘마저 잃어버렸을 때에도
당신의 부드럽고 자비로운 음성을
들을 수 있는 귀를 주십시오.
당신은 말씀하십니다.
"고생하며 무거운 짐을 진 너희는 모두 나에게 오너라.
내가 너희에게 안식을 주겠다.
나는 마음이 온유하고 겸손하니…."(마태 11,28.29a)
비오니 주님,
이 사랑스러운 목소리가
저의 동반자가 되도록 해 주십시오.
아멘.

[묵 상 을 위 한 물 음]

"나는 왜 침묵을 피하려 하는가?"

둘째

·· 기도와 받아들임

 우리는 깊은 침묵을 통해 기도란 무엇보다도 받아들임을 의미한다는 것을 체험하게 됩니다. 우리가 기도할 때 세상을 향해 손을 펼치고 서 있는 것입니다. 우리를 둘러싸고 있는 자연, 우리가 만나는 사람들, 그리고 우리가 처하게 되는 상황들을 통해 하느님이 자신의 모습을 드러내신다는 것을 압니다. 우리는 또한 세상이 하느님의 신비를 품고 있다는 것을 믿고, 그 신비가 우리에게 밝혀지기를 바랍니다.
 기도는 마음을 열고, 열린 마음으로 하느님을 만날 수

있도록 해 줍니다. 실로 하느님께서는 자신이 인간의 마음속에 받아들여지고, 활짝 편 손으로 받아들여지고, 우리를 창조하신 바로 그 사랑과 같은 사랑을 받게 되시기를 원하십니다.

하지만 이러한 열림은 노력 없이 저절로 되는 것이 아닙니다. 그것은 우리 자신의 한계성, 의존성, 나약함, 그리고 죄의 성향을 인정하기를 요구합니다. 우리는 기도할 때마다 하느님이 아니고 하느님이길 원하지도 않음을, 우리의 목표에 아직 도달하지 못했고 평생 동안 그 목표에 결코 도달하지 못하게 될 것이고 계속해서 우리의 손을 활짝 펼쳐 생명의 선물을 기다려야 함을 고백하는 것입니다. 그러한 태도는 쉽지 않은데, 자칫 당신 자신에게 상처가 될 수 있기 때문입니다.

세속의 진리는 이렇게 말합니다.
"최선의 것은 확고하게 자리 잡는 것이고, 현재 여기서 내 것을 잘 유지하는 것이며, 그것을 빼앗으려고 하는 사

람들로부터 지키는 것이다. 그러므로 만일의 함정에 대비하여 스스로 경계를 게을리하지 않으면 안 된다! 내가 무기 하나 지니지 않고, 주먹도 쥐지 않은 채 최소한의 먹을 것과 쉴 곳을 위해 투쟁하지 않는다면, 나는 바로 초라하고 빈곤해지기를 바라는 것이고, 아무도 알아주지 않는데 혼자 관대하게 살며 평범한 만족을 찾다가 생을 마감하고 말 것이다. 내가 손을 펴고 있으면 사람들은 거기에 못을 박아 버린다. 현명한 사람들은 항상 두 발로 땅을 딛고 긴장한 채 주먹을 꽉 쥐고 있다. 그들은 갑작스런 공격에 언제나 대비하고 있다."

한 사람의 내면적인 삶은 흔히 이런 것 같습니다. 우리가 평화의 생각들만 마음에 품는다면, 마음은 열리고 받아들일 준비를 하게 될 것입니다. 그러나 할 수만 있다면 그런 모험을 하시겠습니까?

불신, 시기, 질투, 미움, 복수, 분노 그리고 탐욕 등은 우리가 그것들을 알아차리기 전에 벌써 고개를 듭니다.

"그들은 대체 무엇을 하려는 거지?"

"속으로는 과연 무슨 생각을 할까?"

"이 탁자 위에 내놓은 카드가 모두는 아닐 거야. 틀림없이 다른 의도가 있을 거야!"

"그 말 뒤엔 틀림없이 더 많은 게 숨어 있어!"

생각들이 채 정리되기도 전에 흔히 이러한 느낌들이 생겨납니다. 우리의 가장 깊은 내면은 벌써 긴장하고 있는 것이지요.

"철저히 관찰하고 적당한 전략을 짜내 봐. 그리고 공격할 준비를 해!"

이렇게 해서 평화의 생각들은 멀리 밀쳐지게 되고, 우리 눈에 그 생각들은 너무나 위험하고도 쓸모없어 보입니다. 우리는 스스로에게 말합니다.

"스스로 무장하지 않는 사람은 몰락을 자초하는 것이다."

이러한 마음가짐으로 어떻게 우리가 선물을 기대할 수 있겠습니까? 더구나 우리의 삶이 달라질 수 있다는 것을 어떻게 상상할 수 있겠습니까? 기도가 그러한 문제를 명백하게 해 준다는 것은 당연한 것입니다. 기도는 우리가 감추고 있는 무기들을 내려놓을 수 있고, 항상 안전거리를 유지하고, 우리를 압박하는 느낌들로부터 자유로워질 수 있도록 변치 않는 마음의 준비를 요구하기 때문입니다. 기도는 또한 우리에게 모든 것을 새롭게 만드시는 하느님께서 우리를 새로이 태어나도록 하시리라는 항구한 기대 속에 살 것을 요구합니다.

우리를 위해 마련된 모든 선물을 열린 마음으로 받아들이고자 할 때, 우리는 사람이 됩니다. 선물을 받는 사람이 주는 사람의 뜻에 의존하고 있을 때, 준다는 것은 쉽게 조직의 수단이 될 수 있습니다. 주는 사람은 그 주고받는 상황의 주인이며, 자신의 물건들을 받을 만하다고 생각하는 사람들에게 나눠 줄 수 있습니다. 그는 자신의 환경을 통제하며, 소유가 가져다주는 힘을 즐길 수 있습니다.

받아들인다는 것은 좀 다릅니다. 하나의 선물을 받아

들일 때, 다른 이를 마음속으로 받아들이고, 자신의 삶 안에 자리 잡을 수 있도록 준비하는 것입니다. 친구들에게 선물을 줄 때, 그 선물이 그들의 집이나 방에서 한 자리를 차지하기를 바랍니다. 궁극적으로 선물은 이렇게 받아들여질 때만 참된 선물이 될 수 있습니다. 받아들여진 선물은 받아들이는 사람의 삶 속에서 한 자리를 얻게 되는 것입니다. 그러므로 많은 사람들이 될 수 있는 대로 빨리 그 선물에 답례하여 관계의 균형을 되찾아 의존적 관계를 청산하고 싶어합니다. 이렇게 해서 받아들임보다 일종의 거래가 더 빈번하게 일어나게 됩니다. 따라서 많은 사람들이 선물을 받고 당황하는데, 어떻게 답례해야 할지 모르기 때문입니다. 그래서 우리는 흔히 "이 선물은 참 부담스러워."라고 말하는 것입니다.

어쩌면 복음의 요구는 바로 우리가 어떤 답례도 할 수 없는 선물을 받아들이도록 초대하는 데 있다고 하겠습니다. 그 선물은 예수 그리스도를 통해서 우리에게 부어진 성령으로서 하느님 생명의 숨결이기 때문입니다. 생명의 숨결은 두려움에서 해방시키고 새로운 삶의 공간을 줍니다.

 기도하며 살아가는 사람은 하느님의 숨결을 받아들이고 자신의 삶을 새롭게 하며 항상 삶의 지평을 넓힐 준비를 하고 있습니다. 그 반대로 전혀 기도하지 않는 사람은 천식에 시달리는 아이들과 같아서, 숨이 가빠지는 그들 앞에서 온 세상은 시들어 갑니다. 그 아이들은 공기를 들이마시려 심호흡을 하며 구석으로 기어들고, 죽음의 공포에 시달리게 되지요. 그러나 기도하는 사람은 하느님께 자신을 열어 드리며, 다시 자유롭게 호흡할 수 있습니다. 그는 똑바로 서서 손을 펼치고, 자신의 골방에서 빠져나와 두려움 없이 자유로이 움직입니다.

 우리가 하느님의 숨결로 살고 있을 때, 활력을 주는 바로 그 숨결이 또한 형제자매를 위한 삶의 원천임을 깨닫게 될 것입니다. 이러한 인식은 상대방을 두려워하는 마음을 사라지게 하여, 우리들이 무기들을 내려놓고 다시 웃을 수 있게 합니다. 우리가 다른 사람에게서 하느님의 숨결을 느낄 때, 그들을 우리의 삶 속으로 받아들이며, 그들이 주는 선물도 받아들일 수 있게 됩니다.

이것이 우리 시대에 얼마나 어려운가는 결코 특별하다고 할 수 없는 다음의 고백 속에 잘 드러나 있습니다.

"무엇인가를 받아들이는 것은 종속적인 느낌을 준다. 그것은 익숙하지 않다. 나는 내 일들을 스스로 처리하고, 그것은 나를 기쁘게 한다. 내가 무엇인가를 받을 때마다 그것을 어떻게 해야 할지 확실히 모르겠다. 이는 마치 내 자신의 삶을 더 이상 스스로 지탱하지 못하는 것과 같다. 이것은 나를 불편하게 한다. 사실 그렇게 반응하는 것은 어리석다. 그럼으로써 나는 나 자신은 갖고 싶어하면서도 그것을 다른 사람에게는 갖지 못하도록 하기 때문이다. 즉 나는 다른 이에게 무언가를 선물함으로써 얻는 기쁨을 허락하지 않는 것이다."

그러나 누군가가 우리를 완전히 받아들임을 알게 될 때, 우리는 줄 수 있는 모든 것을 그에게 주고자 할 것이

54 열린 손으로

고, 그 주는 행위를 통해 우리가 가진 것이 생각보다 훨씬 많음을 발견하게 될 것입니다.

이렇게 기도하는 마음으로 서로를 받아들이게 되면 더 이상의 선입견을 가질 여지가 없어집니다. 그것은 우리가 다른 사람을 기존의 기준으로 규정짓지 않고 새로운 모습으로 바라볼 수 있기 때문입니다. 그러면 우리는 서로 대화할 수 있게 되고, 마음과 마음이 대화하는 것처럼 서로의 삶을 나눌 수 있게 됩니다.
한 학생은 이렇게 썼습니다.
"훌륭한 대화는 하나의 과정으로서, 그 속에서 우리는 서로에게 앞으로 나아갈 힘을 주고, 기쁨과 슬픔을 함께 나누며, 서로에게 영감을 불어넣어 줄 수 있게 된다."

무엇보다도 기도한다는 것은 항상 새롭고, 항상 다르신 하느님을 받아들일 준비를 하는 것입니다. 하느님은 우리보다 훨씬 넓은 마음을 지닌 분이시기 때문입니다. 기도 안에서 항상 새로우신 하느님을 온전히 받아들일 수 있으면 자유로워집니다. 기도 안에서 우리는 계속되는 여정, 즉 순례의 길에 있습니다. 이러한 여정 중에 우리가 찾고 있는 하느님에 대해서 무엇인가를 보여 주고 가르쳐 줄 많은 사람들을 만나게 됩니다. 우리가 하느님께 진실로 다다랐는지 확실히 알 수는 없겠지만, 하느님은 언제나 새로운 모습과 방법으로 다가오시므로, 그분을 두려워할 이유는 조금도 없으리라는 것은 분명합니다.

기도는 팔을 벌려 하느님의 인도하심에 자신을 내맡길 수 있는 용기를 줍니다. 예수님께서 베드로에게 당신의 양들을 돌볼 사명을 주신 뒤 이렇게 말씀하셨습니다.

"내가 진실로 진실로 너에게 말한다.
네가 젊었을 때에는 스스로 허리띠를 매고
원하는 곳으로 다녔다.
그러나 늙어서는
네가 두 팔을 벌리면

다른 이들이 너에게 허리띠를 매어 주고서,

네가 원하지 않는 곳으로 데려갈 것이다."(요한 21,18)

다른 사람을 돌보는 일은 점점 더 많이 받아들일 것을 요구합니다. 이러한 받아들임은 예수님과 제자들이 가고 싶어하지 않았던 곳, 곧 십자가로 이끌었습니다. 십자가의 길, 그것은 또한 기도하는 사람들의 길입니다. 아직 젊다면 모든 것을 꽉 쥐고자 할 것입니다. 그러나 나이가 들면서 기도 속에서 손을 펼 수 있게 되면, 어디로 가는지도 모르는 채 자신이 이끌리도록 내맡길 수 있게 됩니다. 십자가가 우리가 볼 수 있는 유일한 이정표라 하더라도, 하느님의 숨결이 가져다준 그 자유만이 우리를 새로운 삶으로 이끌어 가리라는 것을 알고 있습니다.

하지만 기도하는 사람에게 십자가는 더 이상 위협적인 것도, 두려움을 일으키는 것도 아닙니다.

사랑하는 하느님,

모든 것을 스스로 계획하며 살고 싶습니다.
저 자신의 운명의 주인이 되고 싶습니다.
하지만 저는 당신의 말씀을 알고 있습니다.
"내가 너의 손을 잡고 너를 이끌어 가게 하라.
나의 사랑을 받아들여라.
그리고 믿어라.
내가 너를 이끌어 가는 곳이
네 마음 깊은 곳에 자리한 소망들이
이루어질 곳이라는 것을."
주님, 당신 사랑의 선물을 받아들일 수 있도록
저의 손을 열어 주십시오. 저의 손을 펴 주십시오.
아멘.

[묵 상 을 위 한 물 음]

"나는 어떤 식으로 종속되는 것을 두려워하는가?"

셋째

•• 기도와 희망

 기도의 침묵 속에서 손을 펴고 자연과 하느님, 그리고 이웃을 끌어안을 수 있습니다. 이러한 수용은 단지 우리가 자신의 한계를 알아차릴 준비가 되어 있다는 것일 뿐만 아니라, 어떤 새로운 것을 고대하고 있다는 것을 뜻합니다. 이런 의미에서 모든 기도는 희망의 표현입니다. 미래에 대해서 아무것도 고대하지 않는다면 기도할 수 없을 것이고, 우리는 그때 브레히트 Bertolt Brecht(1898~1956) 처럼 말하게 될 것입니다.

"지금의 모습 그대로 머무를 것이며,
우리가 원하는 것은 이루어지지 않을 것이다."

 이렇게 생각하는 사람의 삶은 정지해 있습니다. 영적인 의미에서 이미 죽은 것이지요. 우리가 사물을 더 이상 현재의 모습대로만 받아들이지 않고, 아직 드러내지 않은 모습을 향해 시야를 넓힐 때, 비로소 삶과 삶에서의 지속적인 발전이 있을 수 있습니다.

 하지만 우리가 기도할 때에는 미래에 대한 희망보다는 여러 가지 모양으로 청하는 편이 더 많은 것 같습니다. 이것은 놀랄 일이 아닙니다. 우리는 대체로 특정한 일시적인 상황이 기도를 필요로 할 때에만 기도하려고 마음먹기 때문입니다.
 전쟁이나 불안이 엄습하면 평화를 위해, 가뭄이 계속되면 비가 내리도록, 휴가를 보내는 동안 화창한 날씨이기를, 시험을 앞두면 좋은 성적으로 합격하기를, 어떤 친구가 앓고 있으면 빨리 낫기를 기도하며, 죽은 이들의 영원한 안식을 위해서도 기도합니다.

 기도는 생활 속에서 나오는 것이고, 살면서 접하게 되는 일상의 크고 작은 모든 일들과 깊이 연관되어 있습니다. 마음속에 가득 찬 것이 입을 통해 나오는 것입니다. 이것이 또한 기도의 참모습이라 할 수 있습니다.

 우리의 마음은 구체적이고 실질적인 소망들과 기대들로 꽉 차 있습니다. 어느 어머니는 아들이 때맞춰 귀가하기를 바랍니다. 어느 아버지는 아들이 박사학위를 받게 되기를 바랍니다. 어느 소년은 사랑하는 소녀의 꿈을 꿉니다. 한 아이의 머릿속은 자전거를 갖게 될 생각으로 가득 차 있습니다.

 드물게 우리는 몇 해 너머를 생각할 때도 있지만, 보통은 몇 주, 몇 날, 혹은 몇 시간 앞도 생각하지 못합니다. 우리가 사는 이 세상은 모든 관심이 여기 이 자리, 그리고 지금에만 국한되기를 요구하고 있으므로 먼 뒷일을 생각한다는 것은 거의 불가능합니다. 기도는 흔히 지금 이 순간의 크고 작은 걱정들로 가득 차, 긴 청원들의 나

열에 불과한 경우가 많습니다. 기도한다면, 진실로 기도한다면, 그러한 현실에서 조금이나마 벗어날 수 있습니다.

우리는 흔히 청원기도를 경시합니다. 즉 우리는 가끔씩 청원기도가 감사기도보다는 가치가 떨어지는 것으로, 찬미기도와 비교도 할 수 없는 것으로 생각하곤 합니다. 청원기도는 자신의 관심을 최우선에 두고 자신을 위해서 무엇인가를 얻으려고 힘쓰기 때문에 더 자기 중심적일 것입니다. 감사기도는 하느님이 주신 선물과 관련되어 있다 해도, 하느님께 더 많이 향해 있는 것이라고 합니다. 그렇지만 찬미기도는 하느님으로부터 무엇인가를 받았든 안 받았든 상관없이 전적으로 하느님을 향해 있을 것입니다.

문제는 이러한 구별이 기도가 무엇인지를 이해하는 데 도움이 되느냐 하는 것입니다. 기도에서 중요한 것은, 그 기도가 청원, 감사 혹은 찬미의 기도 중 어디에 해당되느

냐가 아니라, 과연 그 기도가 희망의 기도인가, 약한 믿음의 기도인가 하는 것입니다.

약한 믿음의 기도는 확실한 안전을 위하여 현재 상황의 구체적인 사정들에 집착하도록 합니다. 약한 믿음의 기도는 단번에 이루어지기를 바라는 여러 소망들로 가득 차 있습니다. 이러한 기도에는 '산타 할아버지에게 기대하는 것 같은 천진스러움$^{Santa\ Clausnaiveté}$'이 있어서, 그것을 통해 특정한 소망과 열망들이 그대로 채워지길 기대합니다. 그래서 우리는 그 기도가 들어지지 않을 때, 곧 소망한 선물을 얻지 못하게 될 때, 실망하고 심지어는 속상해하기도 합니다.

그러므로 약한 믿음의 기도가 터무니없는 근심과 두려움을 수반한다는 것을 이해할 수 있습니다. 약한 믿음으로 건강, 성공, 발전 그리고 평화 등을 위해 기도할 때, 우리는 아주 구체적인 요청을 드리게 되고, 기대에 상응하는 것이 얻어지지 않으면 버림받은 것처럼 느끼게 됩니다. 그래서 우리는 심지어 "봐, 내가 뭐라고 했어! 그대로 될 리가 없지!"라며 혼자 중얼거리기까지 합니다.

 이런 약한 믿음의 기도에서는 소망들이 너무나 구체적이라 희망의 가능성이 없어집니다. 우리는 불확실한 그 무엇에 대해서 확신하고 싶어합니다. "손 안의 한 마리 새가 숲 속의 두 마리 새보다 낫다."라고 스스로를 위로합니다. 이런 기도에서 우리의 청원기도는 어떤 식으로든지 얻고자 청한 일이나 사물을 얻는 데에 있고, 이 소망을 들어주거나 들어주지 않을 대상에 대해서는 무관심합니다.

 약한 믿음을 가진 사람들은, 산타 할아버지의 선물을 기다리지만 선물만 받고 나면 위엄 있는 거룩한 사람이 두려워 재빨리 도망치는 어린이들과 같습니다. 그 아이들은 선물을 받은 것 외에는 긴 수염의 키 큰 노인과 아무 관계도 없어 보입니다. 모든 관심은 선물에 집중되어, 선물을 주는 사람은 염두에도 없는 것이지요. 이러한 방식으로 기도할 때, 영적인 삶은 원하는 것에만 몰두하는 생활의 형태로 격하되고 맙니다.

다가올 미래를 스스로의 의지로 꾸려 가는 것에 너무 집착함으로써, 약한 믿음의 사람들은 다가오는 것들을 외면합니다. 우리는 구체적이지 못한 약속들을 싫어하고, 미래 속에 숨겨진 아직 보지 못한 상황들을 의심스러워합니다. 그래서 약한 믿음으로 기도할 때에는 기대함도 없이 기도하는 셈입니다. 그건 또한 절망이 무엇인지도 모르는 기도입니다. 절망이란 무엇인가를 기대한다는 것이 무엇을 의미하는지 아는 사람만이 알 수 있기 때문이지요.

약한 믿음의 기도는 철저하게 계산적이고 인색하며, 작은 모험에도 당황해합니다. 거기엔 절망할 위험도 희망할 기회도 없습니다. 작은 것들의 세상에서 우리는 난쟁이가 되는 것입니다.

희망과 기대들 사이의 확연한 차이점에 대해 한 학생은 이렇게 썼습니다.

"희망한다는 것은 모든 것이 내 앞에 열려 있다고 보

는 관점이다. 그렇다고 미래의 모습을 생각해 보지 않는 것이 아니라, 오히려 그 미래에 대해서 전혀 다른 생각을 한다. 오늘, 내일, 두 달 후, 아니면 일 년 후 나에게 닥쳐올 모든 것에 대해서 열려 있기를 두려워하지 않는 것, 그것이 바로 희망하는 것이다. 결과가 어떻게 될지 모르면서도 두려움 없이 일을 시작하고, 당장에 잘되지 않을지라도 꾸준히 해 나가며, 자신이 하는 일에 신뢰감을 가지는 것, 바로 그것이 희망을 가진 삶의 모습이다."

우리가 희망을 지니고 살아갈 때, "어떻게 소망들을 이루어 갈까?" 하는 걱정에 얽매여 있지 않을 것입니다. 우리의 기도도 우리가 받을 선물을 향하고 있는 것이 아니라, 선물을 주시는 그분을 향하고 있습니다. 우리의 기도에 아직도 많은 청원이 들어 있을지라도, 결국 문제는 소망이 실현되게 하는 데에 있는 것이 아니라, 모든 좋은 것을 주시는 그분에 대한 끝없는 믿음을 나타내는 데에 있는 것입니다. 우리는 ○○을 원합니다. 그러나 ○○을 희망합니다.

희망의 기도는 어떤 보장도 요구하지 않고 어떤 조건도 제시하지 않고 어떤 증명도 필요로 하지 않습니다. 우리는 다른 이를 어떤 방법으로도 속박하지 않은 채 그로부터 모든 것을 기대합니다. 희망은 다른 이가 좋은 것만을 줄 것이라는 전제를 바탕으로 합니다. 희망은 약속이 성취되기를 기다리는 열린 마음을 포함합니다. 그 약속이 언제 어디서, 혹은 어떤 식으로 이루어지게 될지 모른다 하더라도 말입니다.

어린이와 어머니의 관계만큼 희망의 기도가 지니는 이미지를 더 잘 나타내는 것은 결국 없을 것입니다. 하루 종일 아이는 온갖 것을 요구하지만, 어머니에 대한 아이의 사랑은 그가 청한 것을 얻게 될지의 여부에 좌우되지 않습니다. 어린이들은 어머니가 그들에게 유익한 것만을 들어주신다는 것을 알고 있습니다. 원하는 것을 못 얻을 때면 고집을 부리거나 일시적으로 반항도 하지만, 결국에는 어머니가 자신들을 위해서 좋은 일만 한다는 확신에는 변함이 없는 것이지요.

우리가 희망을 가지고 기도할 때도 여전히 많은 것을, 특히 좋은 날씨나 봉급 인상과 같은 아주 구체적인 것들을 간청하게 될지도 모릅니다. 그렇지만 이러한 구체성은 우리의 기도가 진실된 것이라는 하나의 표징이 될 수 있습니다. 우리가 단지 믿음, 희망, 사랑, 자유, 행복, 만족, 겸손을 청하기만 할 뿐 그것을 생활 속에서 구체적으로 살려 하지 않는다면 하느님을 실제 우리의 삶 속에서 필요로 하지 않는 셈이기 때문입니다. 희망을 가지고 기도할 때 이러한 구체적 청원들은, 모든 약속들을 채워 주시고, 우리에게 유익한 것만을 내주시며, 선과 사랑을 우리와 나누시려는 하느님에 대한 우리의 무한한 신뢰를 드러내는 방법이 됩니다.

우리는 희망으로 기도할 때에만 죽음의 울타리를 무너뜨릴 수가 있습니다. 우리가 희망으로 기도할 때, 죽은 뒤의 세계는 어떨까, 천당은 어떤 모습일까, 어떤 모습으로 영원히 살게 될까 하는 것들에 대해 더 이상 궁금해하지 않을 것이기 때문이지요. 우리가 희망으로 기도할 때

상반되곤 하는 갈망들이 내세에서 어떻게 실현되고 충족될 것인가 하는 공상에 빠지지는 않을 것이며, "그분은 신실하며 모든 약속들을 지키는 분이시다."라는 확실한 믿음으로 하느님을 향하게 됩니다.

이 희망은 새로운 자유를 주는데, 그 자유는 우리가 낙담하지 않고 삶을 있는 그대로 관찰할 능력을 갖게 합니다. 이러한 자유에 대해 한 학생은 이렇게 썼습니다.

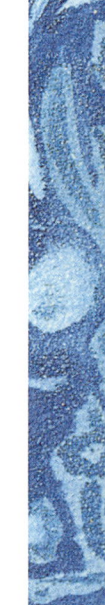

희망은 절망 가운데서 살아감을
암흑 속에 계속 노래함을 뜻한다.
희망하는 것은
사랑이 있음을 깨닫는 것이고,
내일을 신뢰하는 것이며,
잠들었다가
해가 떠오르면 다시 일어나는 것이다.
그것은

바다의 폭풍우 속에서 육지를 발견하는 것이고,
다른 이의 눈 속에서
너 자신이 이해되고 있음을 깨닫는 것이다.
아직 희망이 있는 한,
그만큼 오래 기도하게 될 것이다.
그리고 너는 하느님 손에 붙잡힐 것이다.

청원기도가 희망의 기도일 때, 그것들은 또한 감사기도가 되고, 찬미기도가 됩니다. 우리는 희망이 가득 찬 청원기도에서 하느님의 약속에 대해 감사하며, 하느님의 신실하심에 대해 찬미하는 것입니다.

숱한 청원들은 우리가 하느님의 크신 호의를 신뢰하고 있음을 드러내는 구체적인 방법이 됩니다. 우리가 희망으로 기도할 때마다 삶을 오로지 하느님의 손에 내맡기게 되고, 두려움과 걱정이 사라지게 됩니다. 희망으로 기도할 때, 우리에게 이루어진 것들과 이루어지지 않은 채 남아 있는 모든 것들은 언젠가는 이루어질 하느님의 숨겨진 약속을 가리키는 것이 됩니다.

> 사랑하는 하느님,
> 저는 수많은 소망과 열망
> 그리고 기대들로 가득 차 있습니다.
> 그것들 중 어떤 것들은 실제로 채워지겠지만
> 많은 것들은 채워지지 않을 것입니다.
> 욕망이 충족되어 기쁠 때나 그렇지 못해 실망할 때에도
> 저는 당신 안에서 희망을 버리지 않습니다.
> 당신께서 저를 결코 홀로 내버려 두지 않으심을,
> 그리고 당신의 성스러운 약속들을
> 채워 주심을
> 저는 알고 있습니다.
> 어떤 일이
> 저의 바람과 다르게 되어 가는 듯이 보이더라도
> 그것이 바로 당신의 뜻임을,

그리고 그 길이 결국엔
저를 위한 최선의 길임을
알고 있습니다.
오, 주님.
저의 수많은 소망들이 채워지지 않을 때,
특히 바로 그때에 저의 희망이 더 강해지도록
은총을 주십시오.
그리고 제가 결코 잊지 않게 해 주십시오.
당신의 이름은 사랑이심을.
아멘.

[묵상을 위한 물음]

"소망들이 이루어지지 않을 때에도 하느님을 향한 나의 희망이 더 크고 강해질 수 있을까?"

넷째

·· 기도와 연민의 정

　우리가 어떤 미래를 갖고자 한다면, 그것은 오직 다른 사람과 함께하는 미래입니다. 희망의 기도는 다른 사람에 대한 경계심을 풀게 하고, 개인적인 열망의 한계를 넘을 수 있도록 자신을 키워 나가는 기도입니다. 그렇기 때문에 우리가 기도를 이웃을 배제해 버리는 행위로 간주하는 한, 그것을 기도라고 말할 수 없습니다. 성 요한은 이렇게 말합니다.
　"하느님을 사랑한다고 하면서 자기 형제를 미워하면, 그는 거짓말쟁이입니다."(1요한 4,20)

그리고 예수님께서는 "나에게 '주님, 주님!' 한다고 모두 하늘나라에 들어가는 것이 아니다. 하늘에 계신 내 아버지의 뜻을 실행하는 이라야 들어간다."(마태 7,21)라고 말씀하십니다.

기도하는 것은 결코 반사회적antisocial이거나 자기중심적asocial일 수 없습니다. 항상 기도하지만 이웃을 배제한다면, 그때의 기도는 진실한 것이 아닙니다. 진실한 기도는 그 본질상 사회적인 의미를 지니는 것이지요. 그러나 그것은 말처럼 쉽지 않습니다. 사람들은 흔히 이렇게 말합니다. "고통 받는 사람들을 위해서 앉아서 기도하는 대신, 나가서 그들을 위해 무엇인가를 하십시오."라고. 사실 우리가 "그들을 위해 기도하는 데 너무 많은 시간을 들이기 때문에 직접 행하는 것은 적다."라고 생각할 근거는 거의 없지만, "당신을 위해 기도하겠습니다."라는 말이 진정한 관심의 표현으로 여겨지기보다는 곧잘 의례적인 말로 받아들여진다는 사실에 대해서 한번 생각해 볼 필요가 있습니다.

현대적이고 적극적이며 활력이 넘치는 우리 세상의 사고방식 속에서, 기도와 삶은 서로 결합하는 것이 거의 불가능해 보일 만큼 동떨어져 있습니다. 그러나 문제의 중심은 여기에 있습니다. 어떻게 기도가 이웃의 행복에 진실로 필요할 수 있는가? '항상 기도해야' 한다는 것과 기도는 바로 우리가 '필요로 하는 것'이라는 말은 과연 무엇을 뜻하는가?

그 물음은 가장 근본적인 형태로 제기될 때에만 중요한 것이 됩니다. "언제 또는 어떻게 기도해야 하는가?"라는 물음은 중요한 것이 아닙니다. 결정적인 물음은 "우리는 항상 기도해야만 하는가?" 그리고 "우리의 기도는 꼭 필요한 것인가?" 하는 것입니다. 여기에 모든 것이 달려 있습니다! 우리가 단지 "잠깐의 틈이나 잠시 한가한 시간에 기도로 하느님께 향하는 것은 좋다."라고 한다거나 "어려움에 처한 사람이 기도로 안정을 구하는 것은 좋다."라고 인정한다면, 우리는 그만큼 기도가 삶에서 부수적인 것이며 본연의 일은 아니라는 것을 스스로 인정하는 셈입니다.

 잠깐 기도하는 것이 나쁘지 않다고 생각한다면, 반대로 그런 기도는 크게 유익하지도 않다는 것을 알게 될 것입니다. 기도는 꼭 필요한 것이고 없어서는 안 될 때에만 의미가 있습니다. 기도는 "기도 없이는 살 수 없다."라고 말할 수 있을 때, 비로소 참된 기도가 됩니다. 어떻게 이럴 수 있으며 이렇게 될 수 있을까요?
 이 질문에 대한 대답으로 가장 가까운 개념은 '연민의 정compassion'입니다. 이것을 이해하려면 먼저 기도할 때에 우리에게 어떠한 일이 일어나는지 알아보아야 합니다. 그러면 기도 속에서 우리가 어떻게 이웃을 만날 수 있는지 이해할 수 있습니다.

 사람들은 흔히 기도가 단지 의지할 곳이 없음을 나타내는 것이라고 합니다. 이런 기도는 우리 스스로 얻을 수 없는 것을 다른 누구에게 요구하는 것이지요. 그러나 그것은 단지 반쪽 진리에 불과합니다. 기도하는 사람은 "나는 그것을 해낼 수도 없고 이해할 수도 없어."라고만 하는 것이 아니라, "나 혼자서 그것을 할 필요도 없고 이해할 필요도 없어."라고도 말하기 때문입니다. 앞의 생각에만 머물러 있게 되면, 흔히 혼란과 좌절 속에서 기도하게 될 것입니다. 그러나 그 다음 생각에까지 이르게 되면, 우리의 의존성은 더 이상 자신의 무력함을 뜻하는 것이 아니라, 다른 이를 향하여 기쁜 마음으로 열려 있음을 의미하게 됩니다.

우리가 약함을 부끄럽게 여긴다면, 우리는 최악의 경우에만 기도에 의지하고 기도를 우리 무능력의 강요된 고백으로 여기게 될 것입니다. 그러나 만일 우리의 약함을 사랑의 가치를 일깨워 주는 것으로 받아들이고, 다른 이가 우리에게 베풀어 주는 것을 반갑게 받을 준비가 되어 있다면, 산다는 것은 곧 더불어 산다는 것임을 기도를 통하여 발견할 수 있을 것입니다.

우리에게 용기를 잃도록 하는 것을 기도라고 말할 수

는 없습니다. 모든 것을 스스로 할 수 있어야만 한다거나, 다른 이로부터의 모든 선물은 우리가 무력하다는 증거이며, 다른 이의 도움을 더 이상 필요로 하지 않을 때에야 비로소 완전한 사람이 된다고 가정할 때 용기를 잃어버리기 때문입니다.

그렇지만 이러한 마음가짐으로 살아갈 때 나 혼자서 할 수 있다는 것을 보여 주기 위한 노력들은 결국 지쳐 버리게 합니다. 그리고 모든 실패는 수치감의 원인이 되어 우리를 슬프고 괴롭게 합니다. 결국 우리는 다른 사람들은 적이며, 우리를 속인 경쟁자라고 결론을 내립니다. 이리하여 우리는 마음의 문을 닫게 됩니다. 우리에게 뻗어 오는 모든 손을 자신에 대한 위협으로 파악하기 때문이지요.

하느님이 아담에게 "너 어디에 있느냐?"라고 물었을 때, 그는 "두려워 숨었습니다."라고 대답했습니다(창세 3,9-10 참조). 이로써 아담은 그의 상태를 사실대로 고백

했고, 그 고백이 그를 하느님께로 개방시켰습니다. 우리는 기도할 때 은신처에서 나와 자신의 모습을 있는 그대로 보게 됩니다. 또한 우리를 따라다닌 적은 없으며, 오히려 우리에게 새로운 옷을 입혀 줄 친구가 있다는 것을 알게 됩니다.

기도한다는 것은 확실히 여러 가지를 고백하는 것입니다. 우리는 기도를 통하여 자신의 불완전한 인간임을 겸손하게 받아들이게 됩니다. 기도는 수치감, 죄책감, 절망감을 느끼게 하는 것이 아니라, 우리는 단지 인간일 따름이고 하느님은 참으로 하느님이시라는 사실을 발견하고 기뻐할 수 있게 해 줍니다.

우리가 자신의 나약함, 잘못, 부족함 그리고 엉클어진 과거, 즉 우리의 삶의 역사에서 지워 버리고 싶은 모든 사건, 사실, 상황에만 얽매여 있다면, 우리는 안이 훤히 들여다보여 누구나 알아볼 수 있는 울타리 뒤에 숨어 있는 셈입니다. 그리하여 우리의 세계를 작은 은신처로 좁히고, 그 안에서 자신을 숨기려 애쓰며, 가련하리만큼 남

에게 벌써 노출된 것은 아닐지 의심하며 지냅니다.

기도한다는 것은 위장된 안전함을 포기하는 것이며, 구석으로 몰린다고 느낄 때 자신을 방어할 논거들을 더 이상 찾지 않는 것입니다. 기도한다는 것은 또한 앞으로 우리에게 주어질 수도 있는 달콤한 삶의 순간만을 희망하는 것이 아닙니다. 기도한다는 것은 인간들에게 볼 수 있는 것과 같은 옹졸함을 더 이상 하느님에게서 예견하지 않는 것입니다. 기도한다는 것은 하느님의 충만한 빛으로 걸어 들어가 "저는 불완전한 인간이고 당신은 하느님이십니다."라고 간단하고 솔직하게 말하는 것입니다.

이때가 회심의 순간이며, 하느님과 우리의 참된 관계가 성립되기 시작하는 때입니다. 우리 인간이 가끔씩만 잘못을 범하는 존재가 아니듯 하느님은 가끔씩만 용서하시는 분이 아니십니다. 그렇습니다. 인간은 죄인이며, 하느님은 사랑이십니다. 이런 회개의 체험은 단순하고도 명확하게 이 점을 밝혀 줍니다.

우리는 이러한 회심을 통해 긴장을 풀고 안도의 숨을 쉬며, 항상 용서해 주시는 하느님의 품속에서 편안히 쉴 수 있게 됩니다. 이 경험은 평온함과 소박한 기쁨을 주어 이렇게 말할 수 있게 합니다.

"나는 그것에 대한 답도 모르고 그것을 할 수도 없어. 하지만 나는 그것을 알 필요도 없고 혼자 힘으로 하려고 애쓸 필요도 없어."

이러한 새로운 깨달음은 우리를 자유롭게 하여 다른 피조물에게 기쁨으로 다가가게 하며, 우리 앞에 놓인 정원 안에서 자유로이 뛰놀 수 있게 합니다.

우리는 기도할 때, 자신과 하느님만이 아니라 이웃도 발견하게 됩니다. 기도 안에서 우리는 "인간은 인간이고, 하느님은 하느님이시다."라는 것뿐만 아니라, 우리의 이웃이 우리와 함께 살아가는 형제나 자매라는 것도 고백할 수 있기 때문입니다. 또한 우리의 손상된 인간적 본성을 고통으로 인식하게 하는 바로 그 회심은, 우리가 혼자가 아니며 더불어 살아야 하는 존재임을 기쁨으로 인정하게 합니다.

바로 이 순간에 '연민의 정'이 생겨납니다. 이러한 연민의 정은 '동정pity'이나 '공감sympathy'이라는 단어로는 그 뜻을 나타낼 수 없는 것입니다. 동정은 거리감을 느끼게 하고, 공감은 배타적인 가까움을 내포하고 있지만 연민의 정은 거리감이나 배타성을 넘어서는 것입니다.

연민의 정은 이웃과 내가 인간성을 함께 나눈다는 내적인 인식과 더불어 성장합니다. 이 동료 의식은 우리를 갈라놓는 벽을 허물어 버립니다. 우리 모두는 나라와 언어, 부와 가난, 지식과 무지라는 모든 장애물을 넘어 같은 먼지에서 창조되어 같은 법들의 지배를 받고 있으며, 같은 목표를 향하여 가고 있는 하나입니다.

우리는 이러한 연민의 정으로 이렇게 말할 수 있습니다.

"억눌린 사람의 얼굴에서 내 자신의 얼굴을 보고, 억누르는 사람의 손에서 내 자신의 손을 본다. 그들의 살은 곧 나의 살이고, 그들의 피는 곧 나의 피이며, 그들의 고통은 곧 나의 고통이고, 그들의 웃음은 곧 나의 웃음이다. 나도 그들처럼 남에게 고통을 줄 수 있고, 그들처럼 남을 용서할 수도 있다. 그들이 가지고 있지 않은 것은 나도 가지고 있지 않으며, 나에게 없는 것은 그들에게도 없다. 나는 나 자신의 마음속에서 사랑을 향한 그들의 열망을 알아차리기도 하지만, 나 자신의 그 내면 안에서 그들의 잔혹함을 느낄 수도 있다. 다른 이의 눈 속에서 나는 용서를 구하는 나의 간청을 보며, 찌푸린 이마에서 나의 거절을 본다. 어떤 사람이 살인을 할 때 나도 그렇게 할 수 있다는 것을 알게 되고, 누군가가 아이를 낳을 때 나도 그처럼 할 수 있다는 것을 깨닫는다. 존재의 깊은 곳에서 나는 사랑과 미움, 그리고 삶과 죽음을 함께 나눌 이웃들을 만나게 되는 것이다."

연민의 정은 하느님이 보여 주시는 그 나라를 향해 모두 함께 나아가야 한다는 공동의 운명을 과감히 인정하는 것입니다. 연민의 정은 또한 기쁨을 함께 나눔을 뜻하는데, 이는 고통을 함께 나누는 것과 마찬가지로 중요한 것일 수가 있습니다. 남의 기쁨을 함께 나눌 때 더 행복감을 느끼고 그 기쁨을 꽃피울 수 있기 때문입니다.

진심으로 "그것은 네게 확실히 좋을 거야." 혹은 "나는 네가 그것을 해내는 것을 보는 것이 기뻐."라고 말할 수 있을 때, 우리는 참된 위로와 협조를 제공하는 것입니다.

그러나 이러한 연민의 정은 상대방의 것과 똑같은 불안이나 안도감을 함께 나누는 노예적인 예속 이상이고, 기쁨을 같이 나누는 것 이상입니다. 우리가 지니는 연민의 정이 기도에서 오는 것이라면, 그것은 모든 이의 신이신 하느님과 우리의 만남에서 비롯된 것이기 때문입니다. 우리를 조건 없이 사랑하시는 하느님께서 다른 사람들에게 똑같은 사랑을 선사하신다는 것을 확실히 깨닫게 되는 그 순간 새로운 삶의 방식이 열리게 될 것입니다.

우리 곁에 사는 사람들을 새로운 눈으로 바라볼 수 있기 때문입니다. 즉 우리는 그들 또한 두려워할 이유가 없고, 울타리 뒤로 숨어들지 않아도 되며, 그들 또한 인간이기 위하여 어떤 무기도 필요 없다는 것을 깨닫게 됩니다. 그리고 오랫동안 버려져 있던 내면적인 사랑의 정원이 그들에게도 주어져 있다는 것을 알게 됩니다.

그러므로 하느님께로의 회심은 곧 이 세상에서 나와 함께 살아가는 다른 이들을 향하는 것입니다. 농부, 노동자, 학생, 죄수, 가난한 사람, 흑인, 백인, 약자, 강자, 억누르는 사람과 억눌린 사람, 아픈 사람과 치유하는 사람, 고통을 주는 사람과 고통을 받는 사람. 그들 모두는 우리와 같은 사람들일 뿐 아니라, '하느님은 모든 이의 하느님'이시라는 것을 함께 깨닫도록 초대받은 사람들이기도 합니다.

이렇게 해서 연민의 정은 모든 자만심과 거짓 겸손을 없애 버립니다. 또 우리로 하여금 모든 사물과 모든 사람을 이해하고 자기 자신과 다른 사람을 하느님의 빛 안에서 보고 우리가 만나는 모든 사람에게 두려워할 이유가 없으며, 밭은 경작되고 많은 열매를 맺을 준비가 되어 있다고 기쁜 마음으로 말할 것을 요구합니다.

 물론 이것은 그렇게 단순한 것이 아니어서, 여기엔 어려운 고비가 따르기도 합니다. 연민의 정은 다른 사람들이 강 건너편에 닿기를 바라는지 어떤지 모르고 그들에게 다리를 놓아 주는 것을 뜻하기 때문입니다. 우리의 형제나 자매는 우리로부터 아무것도 기대하지 않을 정도로 그렇게 화가 날 수도 있습니다. 그러면 우리가 보인 연민의 정은 그들에게 반감을 불러일으킬 수도 있습니다. 그럴 때 불쾌하지 않기란 어려운 일이며, 자신에게 "그래, 내가 뭐라고 했어? 어떻게 해도 안 된다니까?!"라고 말하게 됩니다.

 그렇지만 연민의 정이 기도에 뿌리를 박고 있다면 반감을 불러일으키지 않을 수 있습니다. 우리는 기도 속에서 자신의 능력이나 다른 사람의 호의에 의지하는 것이 아니라, 오직 하느님께 대한 신뢰에 의지하고 있기 때문입니다. 그 때문에 기도는 감사의 응답을 받지 못하거나 즉각적인 보상을 가져오지 못할 때에도, 연민의 정이 담긴 생활을 할 수 있도록 우리를 자유롭게 해 줍니다.

> 사랑하는 하느님,
> 당신 마음 더 깊숙이
> 저를 데려가실 때,
> 제 인생 여정의 동반자들 또한
> 저와 똑같이
> 당신의 충만하고 친밀한 사랑을
> 받는 이들임을 깨닫습니다.
> 당신 연민의 마음속에
> 그들 모두를 위한 자리가 마련되어 있습니다.
> 그 누구도 제외되어 있지 않습니다.
> 사랑이신 하느님,
> 당신이 지니신 연민의 마음을
> 저에게도 나누어 주십시오.
> 그리하여 형제자매들에 대한

저의 사랑을 통해

당신의 무한하신 사랑이 드러나게 해 주십시오.

아멘.

[묵상을 위한 물음]

"어떻게 형제자매들의 고통을 마음으로 느낄 수 있을까?"

다섯째

•• 기도와 예언자적인 비판

　삶이 차츰 하나의 기도가 될 때 자신과 이웃에 대한 깊은 이해에 도달할 수 있을 뿐 아니라, 우리가 사는 세상의 맥박까지도 느낄 수 있는 좀 더 향상된 감각을 지니게 됩니다. 우리가 진실로 기도할 때, 세상을 위협하는 큰 문제들에 대해서 비판적인 의문을 갖지 않을 수 없으며, 자신과 이웃뿐 아니라 인간 사회 전체가 회심을 필요로 한다는 생각을 떨쳐 버리지 못합니다. 회심은 세상을 과감히 비판할 수 있는 예언자 같은 증인을 필요로 합니다.

첫눈에 '기도'와 '비판'은 완전히 동떨어진 개념이고 서로 다른 세상에서 유래하는 것이라, 그 둘을 결합시킨다는 것은 이치에 맞지 않는 듯이 보입니다. 우리는 세상이 어떤 변화를 필요로 한다는 것과 그 변화는 어떤 행위를 통해서만 가능하다는 것을 깨닫지만, '어떻게?'라는 질문을 받으면 좌절감을 느끼게 됩니다. 이러한 좌절감은 변화를 위한 좋은 출발점이 되는데, 그것은 오늘날 좌절감을 느낀 사람이 기도하는 사람보다 더 많은 관심을 요청하는 것으로 보이기 때문입니다.

많은 사람들을 분개시키고 혼란시켜 항의와 데모로 몰아가거나, 반항심으로 아무것도 하지 않거나, 고통이 덜한 망각 속으로 피해 버리도록 하는 좌절감은 우리가 살아가야 하는 세상에 대한 깊은 불만의 명백한 표시들입니다. 어떤 이들은 책에만 써 있고 이론으로만 남아 있을 뿐, 실생활에서 유린되는 자유와 정의를 우리 사회에 깨닫게 하고자 합니다. 또 어떤 이들은 이러한 노력을 포기하고, 개인의 안정과 평화를 얻는 유일한 기회는 이 혼란스러운 세상에서 물러서는 것이라고 결론을 지어 버립니다. 그들은 혐오감으로 사회와 그 제도들로부터 등을 돌려 버리는 것입니다.

 사람들이 무슨 일을 하든지, 혁명가가 되든, 온유한 몽상가가 되든, 사회구조의 변화를 불러일으키든, 우울하게 웃으며 그 모든 것을 흘러가는 대로 내버려 두든, 그 분노는 완강하고 눈에 띄는 모습으로, 소극적인 냉담에서 깊이 억제된 채로 남아 있는 것입니다. 모든 행동양식에서 다른 세상을 향한 깊은 열망을 알아차리는 것은 어렵지 않습니다. 지금의 사회는 변해야 하고, 그 잘못된 구조들은 사라져야 하며, 무엇인가 완전한 새로운 것이 그 자리에 들어서야 합니다.

 어떤 사람들이 자기들의 힘으로는 새 세상의 출현을 이룰 수 없는 일로 여기고 그 도래만을 마냥 기다리는 동안, 다른 어떤 사람들은 온 힘을 모아 그 싸움 속으로 뛰어듭니다. 그런가 하면 또 어떤 사람들은 미래를 앞당기려고 애쓰며 소리와 색깔, 형태에서 억지로 꾸며진 꿈의 세계에 빠져듭니다. 그 속에서 그들은 단 한순간일지라도 모든 것이, 그리고 그 자신마저도 벌써 변화된 것처럼 가장할 수 있는 것입니다.

오늘날 미래의 비전들 가운데 가장 주목을 끄는 것은 그 대부분이 그리스도교적 사고와는 무관하다는 것입니다. 그 새로운 시대와 질서를 요청하는 목소리들은 흔히 그리스도교의 전통 밖에서 들려옵니다.

그렇지만 우리가 새로운 세계를 향해 눈을 돌리고, 살아가는 사회에 대해 끊임없이 비판적인 의문을 제기하고, 자신과 세상을 위한 회개의 필요성을 강조하고, 어떤 일이 있어도 허울뿐인 평온에 안주하지 않으며, 현 상태에 만족하지 않고 꾸준히 새로운 세계가 올 것임을 알린다면 우리는 그리스도인입니다. 또 이 새로운 왕국의 실현을 위해서 우리가 제 나름의 역할을 갖고 있다고 여기고, 그 약속이 이루어지도록 경건한 마음으로 우리가 만나는 모

든 사람들을 재촉한다면 우리는 그리스도인입니다. 우리가 그리스도인으로 살아간다면 계속해서 하나의 새로운 질서와 구조들과 새로운 삶을 추구하는 것입니다.

그리스도인으로서 중도에 멈추어 서서 용기를 잃고 집착하는 사소한 기쁨에서 행복을 찾는 사람들을 받아들이는 것은 어렵습니다. 확정되고 고착되어 버린 것을 보는 것은 우리를 화나게 하고, 제멋대로인 방종과 만족을 보는 것은 우리를 슬프게 합니다. 우리는 더 위대한 어떤 것이 오리라는 것을 너무나 확실히 알고 있고, 이미 그 섬광을 보았기 때문입니다. 우리는 그리스도인으로서 지금의 이 세상이 언젠가 사라지리라는 것뿐만 아니라, 그것이 새로운 세상의 탄생을 위하여 필수적이고 우리 삶에는 더 이상 할 일이 없다고 믿으면서 쉴 순간이 결코 없으리라고 주장하는 것입니다.

하지만 그리스도인들이 얼마나 있습니까? 우리가 오늘날의 그리스도교가 영성 지도를 하지 못한 것으로 보인다면 존재와 비존재, 탄생과 죽음, 사랑하는 것과 사랑받는 것, 젊다는 것과 늙는 것, 주는 것과 받는 것, 상처를 주는 것과 받는 것 등의 의미를 찾는 사람들이 예수 그리스도의 증인들로부터 그 답을 구하려 하지 않는 듯이 보인다면, 이제 우리는 이 증인들이 그리스도인들로 불리기 위해서 어떠한 자격을 지녀야만 할지 자문해 보아야 합니다.

그리스도교의 증언은 비판하는 것입니다. 그리스도인은 주님이 세상 종말에 다시 오셔서 모든 것을 새롭게 하시리라는 것을 고백하기 때문입니다. 그리스도인의 삶은 근본적인 변화를 요구합니다. 그리스도인은 세상에 대해서 비판적인 거리를 두고 있고, 어떤 반대에 부딪쳐도 인간 존재의 새로운 방식과 평화가 가능하다는 생각을 포기하지 않기 때문입니다. 이러한 비판적인 거리는 진실된 기도의 본질적인 측면이라 하겠습니다.

문제는 그리스도인을 행동주의자로 만드는 데 있는 것

이라기보다 '현상 유지status quo'에 도전하는 오늘날의 예언자들 안에서 믿을 만한 그리스도의 특성들을 알아차리길 원하는 데 있습니다. 세상과 화목하지 않는 사람들 안에서, 더 나은 미래를 위해서 전심전력하는 사람들 안에서, 우리는 자신의 삶을 다른 많은 사람들의 자유를 위해서 희생하신 그분을 다시 한 번 발견할 수 있기 때문입니다.

무엇이 참된 예언자를 드러내는 특성이겠습니까? 그 특성들을 찾을 때 이것들이 어느 누구에게도 완벽하게 드러나지 않는다는 것을 알아야 합니다. 그것은 사귈 만한 사람이 여길 지나갔을 것이라고 추측하게 하는 발자국이나, 나무에 남아 있는 잘린 가지의 흔적 같은 것입니다.

이러한 혁명가들은 어떤 사람들입니까? 비판적인 예언자들은 다른 사람들을 내면적인 힘으로 끌어당기는 사람들입니다. 그들을 만나는 사람은 그들에게 매혹되고, 그들로부터 더 많은 것을 알고 싶어합니다. 그들과 접촉하게 되는 사람은 누구나, 그들이 어떤 드러나지 않는 강력하고 풍부한 원천으로부터 힘을 얻는다고 확실히 느낍니다. 그들 내부로부터 흘러나온 내면적인 자유가 그들에게 거만하거나 냉랭하지 않은 독자성을 갖게 하여, 당연한 요구들과 긴박한 어려움들을 해결할 수 있도록 해 줍니다.

이 비판적인 예언자들은 주변에서 일어나는 일들의 영향을 받지만, 그것들 때문에 억압되거나 꺾이지는 않습니다. 그들은 주의 깊게 듣고, 쉽게 서두르거나 흥분하지 않는 침착한 권위를 지니고 이야기합니다. 그들이 말하고 행하는 모든 것에 살아 있는 비전이 있는 듯하고, 그들에게 귀 기울이는 사람들은 그것을 볼 수는 없지만 예감할 수는 있습니다. 이 비전이 그들의 삶을 이끌어 가고 그들은 이 비전에 순종합니다. 이 비전을 통해 그들은 중요한 것과 그렇지 않은 것을 분별할 줄 알게 됩니다. 그들은 주의를 끄는 절박해 보이는 많은 일들에 거의 자극을 받지 않는 반면, 대부분의 사람들이 주의를 기울이지 않고 지나쳐 버리는 다른 일들에 더 큰 의미를 부여합니다.

그들은 비판적인 그리스도인들로서 다른 사람들에게 동기를 부여하는 것들에 대해서 둔감하지 않습니다. 그러나 그들은 주의에서 듣고 보는 것들을 자신의 비전의 조명 안에서 평가합니다. 사람들이 그들의 말에 귀 기울일 때 그들은 기쁘고 행복하지만, 자기주의에 그룹을 만들려고 하지는 않습니다. 그들은 그 어느 누구와도 배타적인 관계를 맺지 않기 때문에, 그 주변에 파벌이 생길 수가 없습니다. 그들의 말과 행동은 확신에 차 있고, 자명한 진리일지라도 자신의 생각을 누구에게도 강요하지 않습니다. 또 누군가가 그들의 견해에 동조하지 않거나 원하는 대로 행하지 않을 때에도 격분하지 않습니다.

그들은 모든 면에서 구체적이고 생생한 목표를 눈앞에 두고 있는 것처럼 보이며, 그 목표의 실현은 삶을 지탱하는 중요한 것입니다. 하지만 그들은 이 목표에 대하여 큰 내면적인 자유를 지니고 있어, 흔히 그 목표가 결코 달성

되지 않으리라는 것과 그들 자신은 그 목표의 그림자 정도만 볼 수 있으리라는 것을 알고 있는 듯합니다. 그러나 그들은 삶에서 계속 깊이 감명을 주는 자유를 지니고 있습니다. 그들은 주의가 깊고 신중하며 분별력이 있습니다. 그리고 언제나 그들이 자신의 삶을 부차적인 것으로 여기고 있음이 드러납니다. 그들은 그저 현상을 유지하기 위해서가 아니라 새 세상을 건설하기 위해서 살아가는데, 그들이 예견하는 새 세상의 모습은 죽음의 공포조차도 잊게 할 마력을 지닙니다.

그러나 이러한 비판적인 예언자들은 타인의 마음을 끌면서 반발심도 유발합니다. 분노를 일으킬 가능성은 매력을 끌 가능성만큼 큽니다. 많은 이들이 불변의 가치를 두는 것들에 대해서 지나치게 자유로이 생각하는 것, 바로 그것 때문에 그들은 타인들에게 위협적인 존재가 됩니다. 그들의 말과 삶의 방식은 대다수 사람들의 삶을 지탱하고 있는 가치들을 끊임없이 상대화시켜 버립니다. 그러나 그 예언자적 메시지가 진리임을 인정하게 되면 그 메시지의 예리하고도 깊은 뜻을 깨닫고 자신을 위한 그 중요성을 알 수 있게 됩니다.

이러한 예언자들이 우리 가운데 있을 때, 우리는 그들이 살아가는 실재가 자신이 추구하고 있는 그것—비록 그 요구들이 너무 지나친 것처럼 보이지만—임을 깨닫게 됩니다. 하지만 우리 내면의 평안을 유지하고 '안정된' 삶의 방식이 더 이상 손상되지 않도록 하기 위해서, 우리는 가짜 행복에 대항하고자 하는 사람들을 잠잠히 머물러 있게 할 필요성을 느낍니다.

그러므로 새 세상의 도래를 부르짖고 옛 세상을 동요시키는 사람들은 자신을 질서의 수호자요, 평화와 안정의 옹호자로 여기는 사람들의 불쾌한 공격의 대상이 됩니다. 현재의 평화와 질서를 유지하고 싶어하는 사람들에겐 이러한 시각을 가진 사람들이 시대의 환영들을 벗겨 버리므로 참아 넘길 수 없는 선동자들입니다. 이들을 향해 불 질러진 공격은 일반적으로 기존의 가능한 모든 수단을 동원하여 그들을 배척해 버리는 것으로 끝납니다.

그것은 그들의 메시지에 대한 거부로 시작하여 구두 공격으로 확장되고 투옥이나 사형 집행으로 끝나게 될 수도 있습니다. 그러나 만일 이 비판적인 예언자들이 믿을 수 있고 진실하다면 죽음조차도 그들의 소명을 멈추게 할 수는 없습니다. 그들을 죽이는 사람들은 '단지 그들은 다른 많은 사람들을 각성시키는 데 그쳤지만 새로운 세상을 향한 염원은 더 커져 버렸다는 것'을 놀라움과 두려움으로 발견하게 될 것입니다.

위와 같은 사실을 볼 때, 우리 중의 그 누구도 이러한 환경 속에서 자기를 비판적인 예언자로 간주하려 하지 않을 것입니다. 우리가 언급할 수 있는 이름들은 예언자의 작은 발자국들에 불과합니다. 그러나 우리가 눈을 뜨고 그들을 찾고자 한다면, 그들은 삶의 여정에서 만나는 수많은 사람들 가운데서 발견될 수 있습니다. 때로는 희미하게, 때로는 완전히 명백하진 않지만 결코 부정할 수 없을 정도로, 그들은 찾고자 하는 사람들의 눈에 띄게 됩니다.

우리는 어느 게릴라에게서, 시위 구호판을 들고 선 젊은이들에게서, 카페 한 구석의 조용한 몽상가들에게서, 부드럽게 말하는 수도자에게서, 인내심 강한 학생들에게서, 아들이 원하는 길을 가도록 하는 어머니에게서, 아이에게 진기한 책을 한 대목씩 읽어 주는 아버지에게서, 소녀의 미소에서, 노동자의 분노에서, 밝게 빛나고 여태껏 보고 들어온 모든 것을 넘어서는 비전으로 삶을 영위해 가는 모든 사람들에게서 이러한 비전을 가진 사람을 발견할 수 있습니다.

이것은 기도와 어떤 관계가 있을까요? 기도한다는 것은 존재의 껍데기를 깨는 것, 자신에게 생생해진 그 비전에 자신을 내맡김을 의미합니다. 우리는 그 비전을 '보이지 않는 실재', '전적인 타자', '성령', '성부' 등으로 부릅니다. 이로써 우리는 새로운 창조를 이루어 낼 힘을 우리 자신이 지니고 있지 않음을 거듭 단언합니다. 그 힘은 오히려 우리에게 주어진 어떤 영적인 힘으로서 세상 안에서 세상의 종속물이 되지 않고 존재할 능력을 줍니다.

기도하는 사람은 연민의 정으로 세상을 바라보고, 세상의 숨어 있는 의미를 간파하며, 세상을 언제나 더 깊은 회개로 초대합니다.

자주 우리는 '하느님'이라는 단어를 사용합니다. 이 단어는 매혹적인 것뿐만 아니라 두려운 것을 가리키기도 합니다. 그것은 친근한 것일 수도 있고 배타적인 것일 수도 있으며, 매혹적인가 하면 위험한 것이기도 하며, 모든 것을 소모할 수도 있고 풍요롭게 하는 것일 수도 있습니다. 그것은 태양과 같습니다. 태양 없이는 아무것도 살 수 없지만 우리가 태양에 너무 가까이 가면 타 버리고 마는 것입니다. 그리스도인은 하느님이 '어떤 것'이 아니라 '사랑'이신, '완전한 사랑'이신 한 인격체이심을 믿는 사람입니다. 그리스도인은 이 사랑의 하느님과 대화를 시

작할 수 있다는 것을 알고, 현세를 새롭게 하기 위해서 일하는 사람들입니다. 그러므로 기도한다는 것은—우리가 할 수 있는—가장 비판적인 활동입니다. 우리는 기도할 때 결코 지금의 세상에 만족하지 않고, 이미 그 서광을 본 새로운 세상을 현실화하기 위해 끊임없이 노력하기 때문입니다.

우리는 기도할 때 자신을 사랑으로 계시한 그 힘의 영향을 받기 위해 마음의 문을 엽니다. 이 힘은 자유와 독립성을 줍니다. 한번 이 힘의 영향을 받게 되면 더 이상 마음속에 있는 수많은 생각과 관념과 감정들의 흐름에 이리저리 흔들리지 않게 될 것입니다. 그렇게 될 때 우리는 삶의 중심을 찾고, 창조적인 거리를 두고, 보고 듣고 느끼는 모든 것을 중심에 비추어 점검해 볼 수 있습니다.

그리스도는 가장 두드러진 방식으로 '기도는 곧 하느님의 힘에 참여하는 것'임을 밝힌 분이십니다. 그분은 이 힘을 통해서 당신의 세상을 전적으로 변화시키셨습니다. 그분은 수많은 남녀들을 존재의 속박들로부터 해방시키

셨지만, 자기를 죽음으로 이끈 공격들을 부추기기도 하셨습니다. 완전한 인간이시고 완전한 하느님이신 그리스도께서는 기도의 의미를 보여 주셨습니다. 하느님은 그리스도 안에서 많은 사람들이 멸망이나 구원을 위해 볼 수 있는 분이 되셨습니다.

기도는 예언자의 행위입니다. 우리가 한번 기도를 시작하면, 우리는 우리의 삶 전체를 천칭 위에 얹어 놓은 것처럼 그 삶이 조화와 균형을 갖추도록 노력하기 때문입니다. 우리가 진실하게 기도하기 시작한다면, 즉 우리가 진실로 보이지 않는 것의 실재로 들어가려 한다면, 가장 근본적인 비판을 시도하려는 것임을 깨달아야 합니다. 그 비판은 어떤 사람에게는 반가운 것일 수도 있고, 다른 사람들에게는 지겹거나 힘에 겨운 것일 수 있습니다.

그러므로 기도한다는 것은 자신의 확고함을 포기하고, 지금 있는 그 자리에서 언제나 일어설 준비를 하는 것입니다. 그것은 우리가 집을 나와서 거듭 길을 떠나고, 자신과 타인들을 위해 새로운 땅을 고대하며 찾아 나서길 요구합니다. 기도가 가난함을 필요로 하는 이유가 바로 여기에 있습니다. 즉 기도는 아무것도 더 잃을 것이 없어 언제라도 새로운 삶을 시작할 수 있는 준비를 요구합니다. 우리가 가난을 자유로이 선택한다면 상처 받을 수는 있지만, 세상을 바라보고 세상을 있는 그대로 볼 수 있게 됩니다. 우리는 더 이상 자신을 변호할 필요를 느끼지 않고, 모든 삶의 근원이신 하느님과 친밀한 접촉을 통해서 알게 된 것을 큰소리로 말할 수 있습니다.

그러나 이것은 용기를 필요로 합니다. 늘 기도하며 살아가면서 그 기도의 모든 결과를 실현시키려 한다면, 우리는 꽤나 두려움을 갖게 되고 그런 모험을 할 수 있을지 의문을 갖게 될지도 모릅니다. 그러할 때 용기 또한 하느님의 선물임을 잊지 않는 것은 매우 중요합니다. 우리는 이 선물을 위해 다음의 말씀으로 기도할 수 있습니다.

사랑하는 하느님,

저에게 용기를 주십시오.

새 하늘과 새 땅을 위하여

예수님처럼 살아가며 일할 수 있는 용기를 주십시오.

저에게 자유를 주십시오.

악을 발견하는 그곳에서 비판할 수 있는 자유를,

선을 발견하는 그곳에서 칭찬할 수 있는 자유를.

그러나 무엇보다도 당신이 주신

그 비전에 대해 충실하도록 저를 도와주십시오.

제가 가는 모든 곳에서 만나는 모든 사람에게

모든 것을 새롭게 하는

당신 사랑의 한 표지가 될 수 있도록

저를 이끌어 주십시오.

아멘.

[묵상을 위한 물음]

"나는 예수님의 이름으로 세상을 새롭게 한 나의 소명을 어떻게 주장할 수 있을까?"

마치며

•• 열린 손으로

　기도한다는 것은 하느님 앞에서 손을 펴는 것, 손을 열어 드리는 것입니다. 기도한다는 것은 주먹을 쥐게 하는 그 긴장을 서서히 푸는 것이며, 삶을 방어해야 할 소유물이 아니라 선물로 받아들일 수 있도록 꾸준히 준비하는 것을 뜻합니다.
　기도는 무엇보다도 이 세상 한가운데서도 침묵을 발견할 수 있도록 하는 삶의 방식입니다. 그 침묵 속에서 우리는 하느님이 주시는 약속의 선물을 위해서 손을 펴게 되며, 자신과 이웃, 그리고 세상을 위해서 희망을 발견하게 됩니다. 우리는 기도 속에서 하느님을 만납니다. 작은 목소리와 부드러운 미풍 속에서뿐만 아니라, 세상의 혼란 속에서도, 이웃의 곤경이나 기쁨 속에서뿐만 아니라, 고독 속에서도 그분을 만나게 됩니다.

 기도는 새로운 길을 찾고, 공기 속에서 새로운 멜로디를 들을 수 있도록 합니다. 기도는 삶의 숨결로서 원하는 곳으로 가거나 그곳에 머무를 수 있고, 새로운 땅에 이르는 길을 가르쳐 주는 많은 표징들을 발견할 수 있는 자유를 줍니다.
 기도한다는 것은 그리스도인의 일상생활에서 필수적인 한 부분이거나 어려울 때의 요청에만 필요한 도움의 원천이 아니며, 주일 아침이나 식사 시간에만 한정되는 것도 아닙니다.
 기도한다는 것은 삶입니다. 그것은 먹는 것이요, 마시는 것이며, 활동과 휴식, 가르침과 배움, 놀이와 일입니다. 기도는 우리 삶의 모든 단편에 파고듭니다. 기도는 우리가 있는 곳에 항상 하느님이 계시며, 그분이 우리를 당신 가까이로 초대하시어 당신이 주신 삶을 기쁘게 영위하도록 하는 끊임없는 통찰입니다.

결론적으로 기도하는 삶은 '열린 손'과 함께하는 삶, 곧 손을 펴고 사는 삶입니다. 그때 우리는 자신의 나약함을 부끄러워하는 것이 아니라, 타자이신 그분께 이끌리는 것이 모든 것을 움켜쥐는 것보다 더 완전하다는 것을 의식하게 됩니다.

우리가 드리는 기도는 그러한 관점의 삶에서만 의미를 갖습니다. 교회와 식탁, 또는 학교에서의 기도는 전생애 동안 이루고 싶어하는 것에 대한 증거에 지나지 않습니다. 이러한 기도는 곧 삶임을 상기시켜 주고, 그 삶의 꿈을 최대한 실현할 수 있도록 격려합니다.

그런데 우리 삶에 수많은 순간들이 있는 것처럼 수많은 기도 방식들이 있습니다. 어떤 때 우리는 조용히 기도할 자리를 찾아 홀로 있고 싶어할 것이고, 어떤 때는 친구를 찾아 함께 있고 싶어할 것입니다. 또 어떤 때는 한

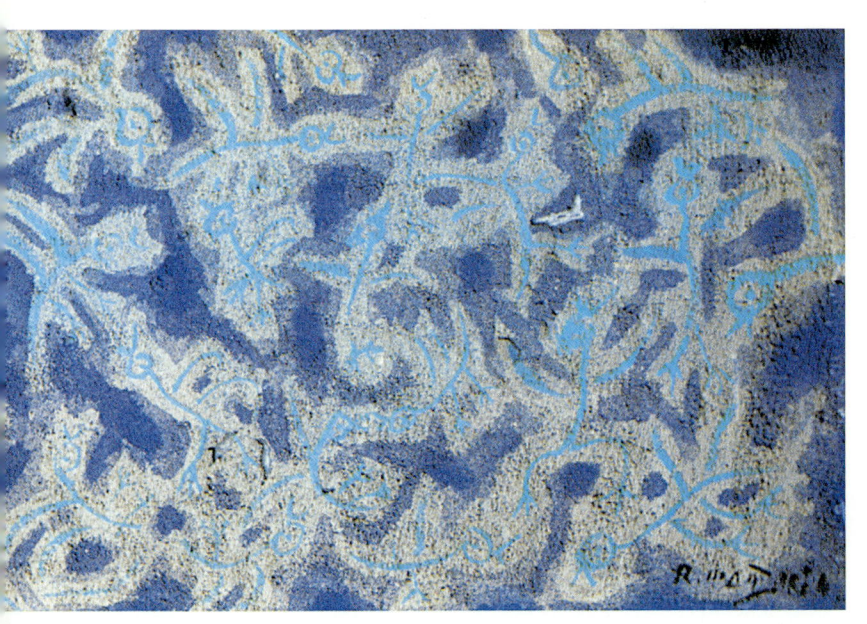

권의 책을 잡게 될 것이고, 음악을 듣고 싶어할지도 모릅니다. 또 어떤 때에는 많은 사람들과 함께 크게 소리를 지르고 싶어할 것이고, 어떤 때에는 몇몇 사람들과 그저 조용히 속삭이고 싶어할 것입니다. 어떤 때 우리는 소리를 내거나 깊은 침묵 속에서 기도하고 싶어할 것입니다.

어느 순간에나 우리의 삶은 점차 기도가 되어, 하느님이 우리를 원치 않는 곳으로 인도하실 때에도 그분이 우리를 이끄시도록 두 손을 활짝 펼 수 있게 될 것입니다.

사랑하는 하느님,
저는 모릅니다.
당신이 저를 어디로 이끌어 가실지를,
저의 다음 날이
저의 다음 주가
저의 다음 해가
어떻게 될지

정말 모릅니다.
손을 펴려 할 때,
당신이 제 손을 잡고
당신 집으로 이끌어 가시리라는 것을
믿습니다.
하느님,
당신의 크신 사랑에
감사합니다.
아멘.

[묵상을 위한 물음]
"내 곁에 하느님과 함께 참된 안식처를 발견하리라는 것을 전적으로 신뢰하고 있는가?"

저자 소개 _ 헨리 나웬

헨리 나웬Henri J. M. Nouwen(1932-1996) 신부는 네덜란드에서 태어나 사목과 영성생활에 관한 30여 권의 책을 저술한 잘 알려진 현대 영성작가의 한 사람이다.

미국의 노트르담 대학, 예일 대학, 하버드 대학 등에서 신학과 심리학을 가르쳤으며, 1986년부터는 교수직을 그만두고 장 바니에가 창설한 '노아의 방주 운동'에 동참했다. 그는 1996년 세상을 떠나기까지 '라르슈의 새벽 공동체'의 사목을 맡아 보며 정신 장애인들과 함께 생활했다.

저작으로는 「고독」, 「새벽으로 가는 길」, 「상처 입은 치유자」, 「완전한 무」, 「거울 너머의 세계」, 「모든 것을 새롭게 만들고」, 「발돋움하는 사람들」, 「제네시 일기」, 「주님의 아름다우심을 우러러」, 「소명을 찾아서」, 「소중한 추억 나의 어머니」, 「이 잔을 들겠느냐」, 「마음에 들려오는 사랑의 소리」, 「평화에 이르는 길」, 「헨리 나웬의 마지막 일기」, 「헨리 나웬의 평화의 영성」 등이 있다.

•• 옮긴이 소개_조현권 스테파노 신부

예수사제회(성바오로 가족)
1962년 출생
1982년 대구가톨릭 대학 입학
1991년 사제 서품
1993-2001년 독일 레겐스부르크 Regensburg 대학 유학
2002년 천주교 논공 성당 주임신부
2003년부터 대구가톨릭대학교 신학대학 재직

•• 그린이 소개_김도율 요셉 신부

1961년 출생
1989년 사제 서품
1994년-2000년 이탈리아의 밀라노 한인 천주교회 본당신부
2000년 천주교 복현 성당 주임신부
2004년 천주교 성주 성당 주임신부